大展好書　好書大展
品嘗好書　冠群可期

大展好書　好書大展
品嘗好書　冠群可期

武術秘本圖解 7

少林秘功十二勢

原著　許禹生
整理　三武組

大展出版社有限公司

三武挖整組

（排名不分先後）

【組長】

高翔

【寫作組】

高　飛	鄧方華	閻　彬	余　鶴
景樂強	董國興	陳　鋼	范超強
趙義強	謝靜超	梁海龍	郭佩佩
趙愛民	黃守獻	殷建偉	黃婷婷
甘　泉	侯　雯	景海飛	王松峰

【繪圖組】

高　紳	黃冠杰	劉　凱	朱衍霖
黃　澳	凌　召	潘祝超	徐　濤
李貢群	李　劍		

目錄

第一章　少林秘功十二勢

第二章 少林達摩易筋經十二勢圖譜 ……… 183

第一章 少林秘功十二勢

沈 序

拳術由來已久，至少林始集其成，熔修心性、壯身、技擊、舞蹈於一爐，故有虎、豹、蛇、鶴、龍五拳之創造。凡中國形而上學術中，所具之剛柔、捭闔、虛實、動靜，無不包羅此五拳之中，蓋人與人相接之學均不能超過此理也。

惜後代繼起者，偏於肌肉骨力之運使，忽於氣功精神之鍛鍊，得其剛而失其柔解，無水火相濟之功，無陰陽互變之妙，常予人一種不良印象，似乎非至剛不足稱為少林拳也。

故元末之紀，隱君子張三豐先生有見於此，從而翻之，顛倒原有次序，先柔而後剛，行氣運於始，以內壯為先，使學者不能半途而止，安於小成。蓋非繼之以剛不足以盡技擊之用也，及其成也，固無分軒輊。

吾同門許君禹生，既精武當，復工少林技能，融會所長，製為專書，以惠國人。近復本少林原有圖勢，貫以武當練法，編成《少林十二勢》一書，用作習國術者之基本功夫。內中均本科學精神，呼以口令，由淺入深，適合各門國術初步之用。少林拳可用，武當拳亦可用，洵為初入國術門者，不可越級之練習書也。是為序。

中華民國二十三年九月南通維周　沈家楨

自　序

內家祖述武當，外家祖述少林，學有淵源，方為探本。吾幼喜修養之術，於《內經導引》《華佗五禽》之書，靡所不讀，熊經鳥引，動諸關節，呼吸吐納，鍛鍊神氣，皆所以祛病延年，使人難老也。

然其術流傳既久，難免失真，嗣得舊藏達摩初祖之《易筋經》讀之，其內壯養神氣，外壯練筋骨，並附有站功十二勢，每勢皆有歌訣，頗具深意。習者不察，徒事皮相，模仿形勢，而未悉其以心行氣、以氣運身之精意，甚可惜也。

吾嘗謂人身係精神與肉身二者合成，鍛鍊方法，自應本身心合一、二者兼施之旨，方能有效，俾合於近代體育上之修養，使人人得完成其人格。前在北平創辦體育學校曾採為教材，尋復次其淺深，窺其用意，編為教程，用授學子；習者稱便，均謂此術不唯修養身心，且所具各勢可為各派拳術之基本練習。習國術者首先習此，以為基礎，無論再習何種門類，均易進步。

方今中央提倡體育，教育部特設體育補習班於首都，召集全國體育專家研習其中，以事宣傳，而廣國術之推行。吾不揣鄙陋，將所編之少林十二勢列為國術初級課程，並貢獻拙著，以為講義，尚望海內賢豪進而教之，則幸甚矣。

民國二十二年夏，燕北禹生許隆厚

概　論

世之言拳術者，多宗少林，而少林之傳，始自達摩初祖。

蓋於五代之季，來居此寺，見僧徒等雖日從事於明心見性之學（參禪靜坐以求明悟之類），然類皆精神萎靡，筋肉衰弱；每值說法入座，即覺昏鈍不振，殆於身心合一，性命雙修之意，尚未徹悟也。

乃訓示徒眾曰：「佛法雖外乎軀殼，然未了解此性，終不能先令靈魂與軀殼相離，是欲見性，必先強身，蓋軀殼強而後靈魂易悟也（雖係宗教家言，然與今世體育家所主張身心合一，精神與肉體同一鍛鍊之說吻合）。果皆如眾生之志靡神昏，一人蒲團，睡魔即侵，則見性之功，俟諸何日？吾今為諸生先立一強身術，每日晨光熹微，同起而習之，必當日進而有功也。」

乃為徒眾立一練習法，其前後左右，不過十八勢而已，名「十八羅漢手」（見《少林拳術秘訣》）。後人變化增添，以作技藝，曰「少林派」。（圖1）

又嘗觀達摩祖師傳岳武穆之《內壯易筋經》，少林寺僧多傳習之。（圖2）

圖1　達摩創十八手授弟子

圖2　岳武穆內壯易筋經

經分上、下兩卷，有內、外功之別：

1. 內功主靜，練氣為主。（圖3）

2. 外功主動，練力為主。（圖4）

上卷內功程序，計分五步：

1. 首積氣腹中，以為基礎。

2. 次鍛鍊前身胸肋各部，附骨筋膜（膜為包骨，白色；筋層今名曰腱），使氣充盈胸腹兩脇。

3. 鍛鍊腰背脊骨筋膜，使氣盈脊背。

4. 上體氣既用遍，深層筋膜騰起，乃導行四肢（先上肢後下肢。其鍛鍊各法，均載原經，茲不贅述）。

5. 內壯已成，方行外壯以增勇力。

下卷十二勢，蓋鍛鍊外壯者也，與少林拳術之十八羅漢手大半相同，疑出一源。且十二勢為原本所無，始少林寺僧好事者增入之耳，故仍名為「少林十二勢」。（圖5）

今以其原有圖勢為主，而參以羅漢手運動之意，兼採拳術之各種樁步。本體操教練之法，每勢編做法數節，由淺入深，由簡而繁；視各勢可合做者，則為連續之，以便教練。並為體察運動部分，主要骨骼、筋肉分注於下，以明運動生理。就原有歌訣，闡明其義，以喚起學者之注意。復本其姿勢動作，以求應用

圖3　內功主靜，練氣為主

圖4　外功主動，練力為主

十二勢為原本所無，始少林寺僧好事增入之耳，故乃名為少林十二勢

圖5

之所在，用作習拳術者之初步云。

許禹生像

凡習此功者，應先排步直立，呼濁吸清，掙腰鼓肘（此乃足肘，即膝也），凝神靜氣，端正姿勢，然後行之。

行時務使動作與呼吸相應，久之則氣力增長，精神活潑，實為學拳術者成始成終之功夫，幸勿以其簡易而忽之也。

教練此法，宜先依體操口令，令學生立正。次察看地勢，令全隊分成若干排，如分前後兩排，則於呼一二報名數後，發前行向前幾步走之口令，次發單數或雙數向前幾步走之口令，總以行列疏整，手足動作互無妨礙為度。如教練直立勢，則立定後須呼腳尖靠攏之口令，然後動作。

此十二勢，直立勢居半，前數勢每勢只一動作，依體操規例可連續為之而成一段，以便教練。若單練一勢時，則可先呼出勢名，末字改呼數字，隨其動作而施口令。

第一勢　屈臂平托勢

原名「韋馱獻杵第一勢」。（圖1-1）

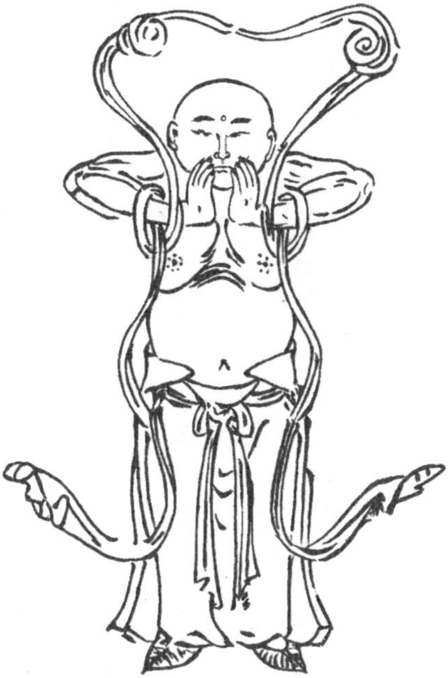

圖1-1　韋馱獻杵第一勢

取兩手當胸，平托一物，獻遞於人之意。亦名「環拱勢」，又名「上翼勢」，則因形態命名也。

【原文】

立身期正直，環拱手當胸。

氣定神皆斂，心澄貌亦恭。

【解曰】

此為直立勢之一。

做此勢時，須氣沉丹田，精神內斂，心澄志一，貌自恭敬。

乃正身直立，做立正勢，平屈兩臂，掌心向上，自脅下循脅徐徐上托，至胸前停頓，雙腕平直，屈肱內向，環拱胸前，故曰「環拱手當胸」也。

今本此義編作四節如後。

第一節

二動：

（一）屈臂平托；（二）兩手下按。

(一)屈臂平托

由預備勢，兩臂平屈，兩肘上提，使與肩平，兩手作掌，掌心向上，由兩脅下（軟肋出）順脅上托，指尖相對，經胸骨前至兩乳上停頓，指尖相對。同時，足踵提起。兩眼平視。（圖1-2、圖1-3）

(二)兩手下按

兩掌翻轉向下，至胸高處，分順兩脅下按，至胯旁停止，還原預備勢。（圖1-4～圖1-6）

圖1-2

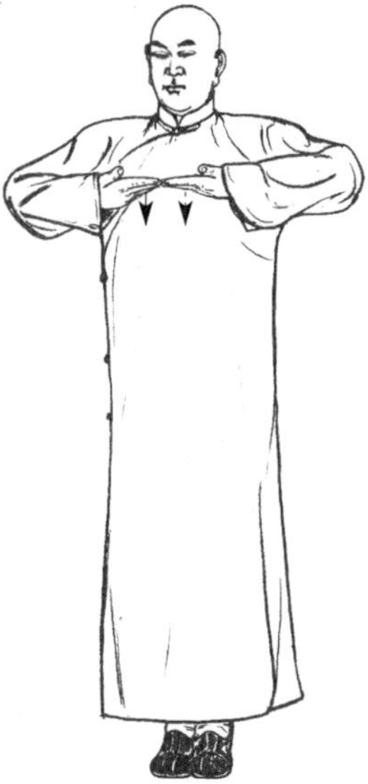
圖1-3

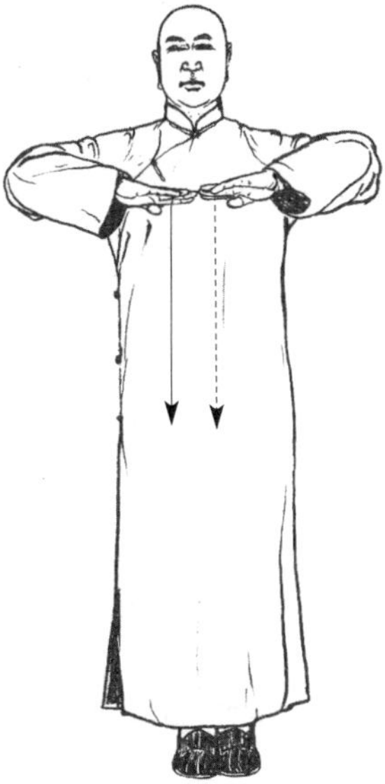
圖1-4

圖1-5

圖1-6

第二節

四動：

（一）屈臂平托；（二）橫掌前推；

（三）屈臂前托；（四）兩手下按。

(一)屈臂平托

與第一節（一）動同。（圖 1-7）

(二)橫掌前推

兩掌翻轉向前(掌橫指對，手心向前)。(圖 1-8)

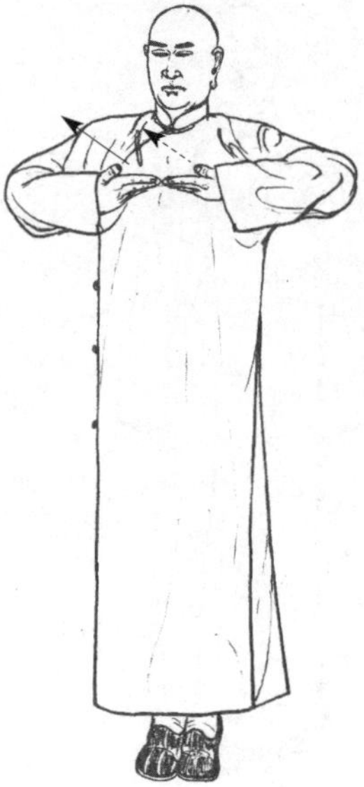

圖 1-7

圖 1-8

圖 1-8附

圖1-9

圖1-10

(三)屈臂前托

兩臂收回，復(一)之動姿勢。（圖1-9）

(四)兩手下按

與第一節（二）動同。（圖1-10）

第 三 節

四動：

（一）兩臂平屈；（二）兩臂平分；

（三）屈臂平托；（四）兩手下按。

(一)兩臂平屈

由預備勢，兩肘上提與肩水平，同時，平屈兩臂，掌心向下，指尖相對，經胸骨前，至兩乳停頓。（圖1-11）

(二)兩臂平分

由上動作，兩臂上膊骨不動，前膊骨順水平度、分向左右平開，至成一直線為度。（圖1-12）

圖1-11

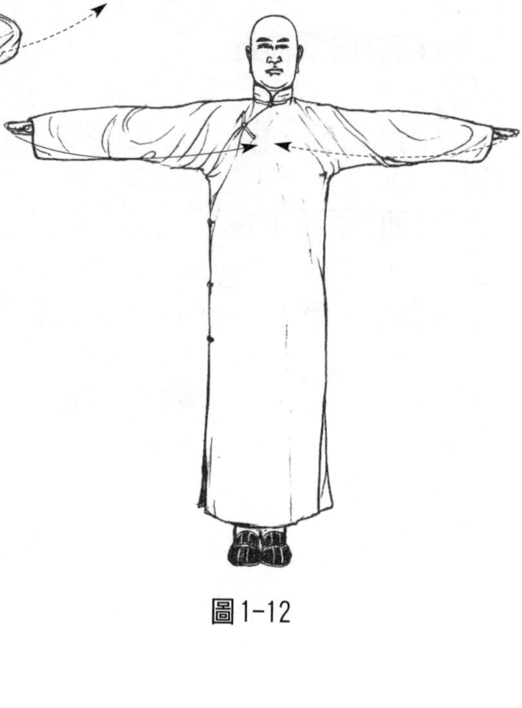

圖1-12

圖1-13

圖1-14

(三)屈臂平托

上膊骨不動，兩臂下屈，兩掌經胸骨前上托，至兩乳上停頓。與第一節(一)動姿勢同。（圖1-13）

(四)兩手下按

與第一節(二)動同。（圖1-14）

第 四 節

六動：

（一）兩臂平屈；（二）兩臂平分；

(三) 屈臂平托；(四) 橫掌前推；

(五) 屈臂平托；(六) 兩手下按。

(一)兩臂平屈

與第三節（一）動同。（圖1-15）

(二)兩臂平分

與第三節（二）動同。（圖1-16）

圖1-15

圖1-16

(三)屈臂平托

與第三節（三）動同。（圖1-17）

(四)橫掌前推

與第二節（二）動同。（圖1-18）

(五)屈臂平托

兩臂屈回，復(三)之姿勢。（圖1-19）

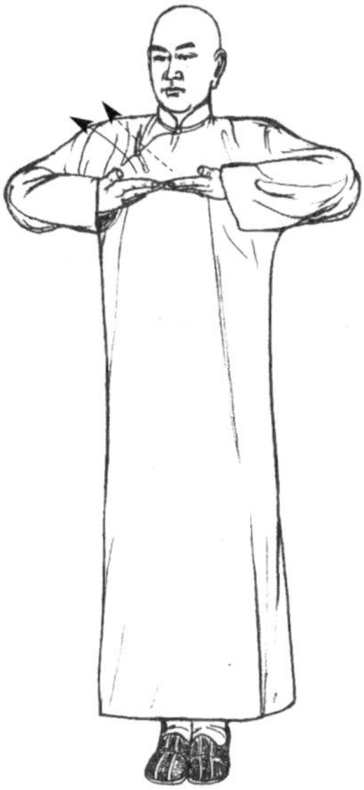

圖1-17

圖1-18

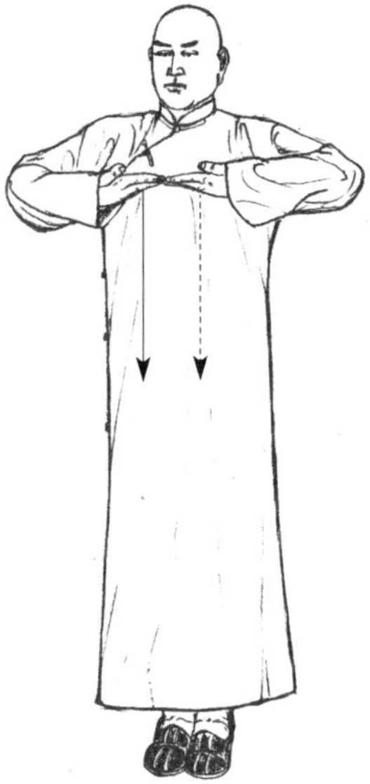

圖1-19

(六)兩手下按

與第一節（二）動同。（圖1-20、圖1-21）

圖1-20

圖1-21

【各節教練口令】

第一節：屈臂平托，數一、二。

第二節：屈臂平托前推，數一、二、三、四。

第三節：兩臂平屈分托，數一、二、三、四。

第四節：屈臂分托前推，數一、二、三、四、五、六。

【運動部分】

1. 此勢為上肢運動及肩臂運動也，主要部分為肩胛骨、尺骨、橈骨及所屬筋肉。

2. 屈前臂時，為肘關節之屈曲，主動筋肉為二頭膊橈骨筋、內膊筋。

3. 平托時手掌外旋，則橈、尺骨關節之後回運動也，主動筋肉為後回筋、膊橈骨筋。

4. 翻掌前推時，則橈、尺骨關節之前回運動也，主動筋肉為回前方筋、回前圓筋。

【注意及矯正】

1. 本勢運動，屈臂平托時，宜鬆肩，勿聳。

2. 橫掌前推時，兩臂宜伸直勿屈，肩、肘、腕三者水平，想其力由肩而肘、而腕，以意導之，使達於指尖為度，兩手手指相對，掌心向前吐力。

3. 兩臂平分時，臂宜伸直與肩水平，眼平視，頸項挺直，下頷骨內收，氣沉丹田（即小腹），精神專注，以心意作用，運動肢體。故動作時，務宜徐緩，勿僅視為機械的運動也。

【治療】

此勢可以矯正脖項前探、脊柱不正及上氣（呼吸粗迫）、精神不振等症， 擴張胸部，堅定意志。

圖1-22

圖1-23

【應用】

本勢橈、尺骨運動，可練習太極拳之擠勁；腕之翻轉，可藉以練習擒拿法之捉腕、滾腕、盤肘等作用。

例如：人以兩手分握吾之雙腕。吾即以本勢第二節做法，順其下擒之力，猛翻兩掌，向敵胸前推，即解矣。（圖1-22～圖1-24）

圖 1-24

第二勢　兩手左右平托勢

原名「韋馱獻杵第二勢」。（圖 1-25）

取兩臂自左右平舉，兩掌平托一物，獻遞於人之意。

【原文】

足趾拄地，兩手平開。

心平氣靜，目瞪口呆。

【解曰】

做此勢時，須先意氣平和，心無妄念，呼吸調靜。

乃運動兩臂，徐徐自左右上托（掌心向上），以腕與肩平為度，足踵隨之提起，兩眼平視，閉口，使呼吸之氣由鼻孔出入。

今本此義，編做法五節如後。

圖1-25　韋馱獻杵第二勢

第一節

二動：

（一）兩臂左右平托；（二）兩臂還原。

(一)兩臂左右平托

由立正勢，兩臂自左右向上平舉，俾與肩平，或較肩略同，掌心向上。同時，兩踵隨之提起。（圖1-26、圖1-27）

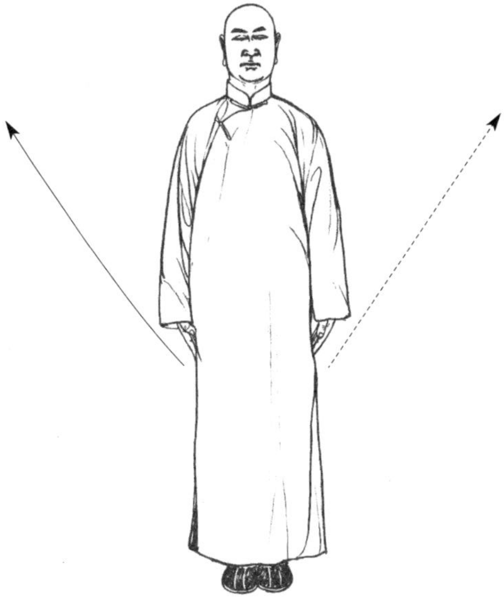

圖1-26

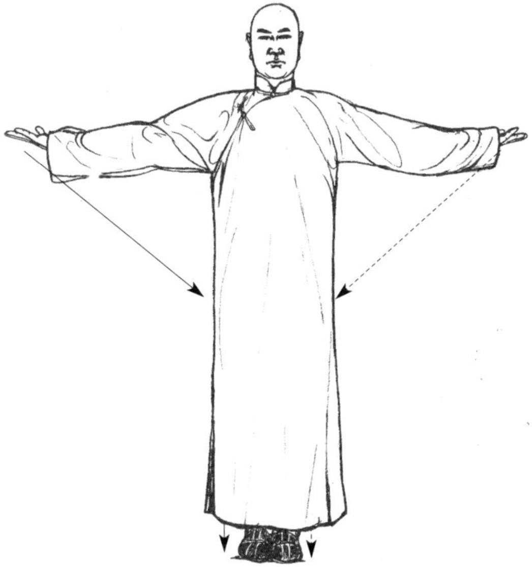

圖1-27

(二)兩臂還原

掌心下轉，兩臂徐徐下落，還原立正勢。（圖1-28）

圖1-28

第二節

三動：

（一）兩臂前舉平托；

（二）兩臂左右平分；

（三）兩臂下落。

(一)兩臂前舉平托

由立正勢，兩足尖靠攏；兩臂垂直，由下用向前平舉，與肩水平，掌心向上，若托物然。同時，兩踵隨之提起。（圖1-29）

(二)兩臂左右平分

兩臂分向左右平開，至一直線，如本勢第一節(二)動之姿勢。（圖1-30）

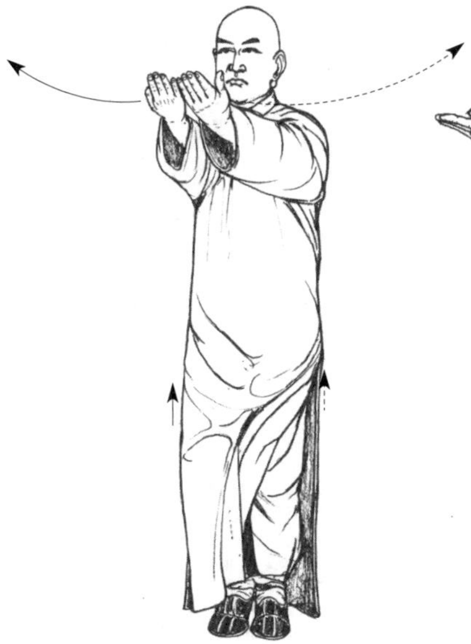

圖1-29

圖1-29附

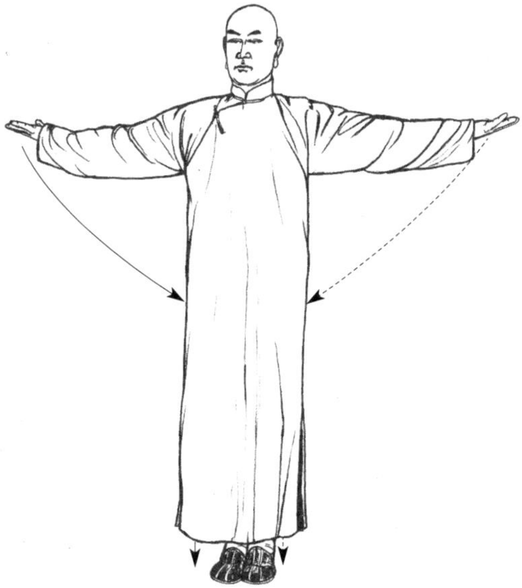

圖1-30

(三)兩臂下落

兩臂下落，還原立正勢。（圖1-31）

圖1-31

第 三 節

三動：

（一）屈膝兩臂前舉平托；

（二）直膝兩臂平開；

（三）兩臂下落。

此節乃兼下肢運動之連續動作也，於伸臂前托時，同時兩膝前屈，餘均同前。

(一)屈膝兩臂前舉平托

兩臂自下向前平舉，掌心向上。同時，兩膝前屈，膝蓋靠攏，足踵不可離地。（圖1-32）

(二)直膝兩臂平開

兩臂分向左右平開。同時，兩膝直立，足踵提起。（圖1-33）

圖1-32

圖1-32附

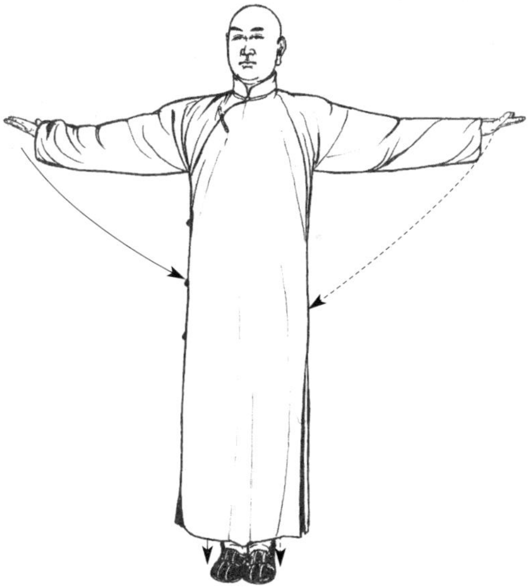

圖1-33

(三)兩臂下落

兩臂徐徐下落，足踵亦隨之落地。（圖 1-34）

圖 1-34

第 四 節

四動：

（一）透步交叉；（二）兩臂平托；

（三）兩臂還原；（四）併步立正。

(一)透步交叉

左足移至右足踵後方，做透步交叉勢。（圖 1-35）

(二)兩臂平托

兩臂自左右向上平托，兩踵提起。（圖 1-36）

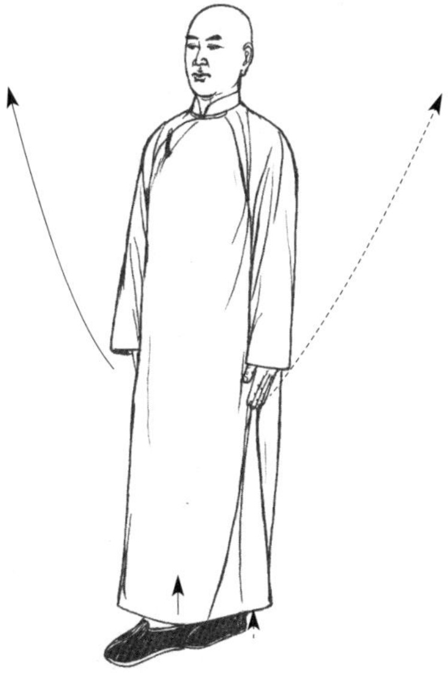
圖1-35

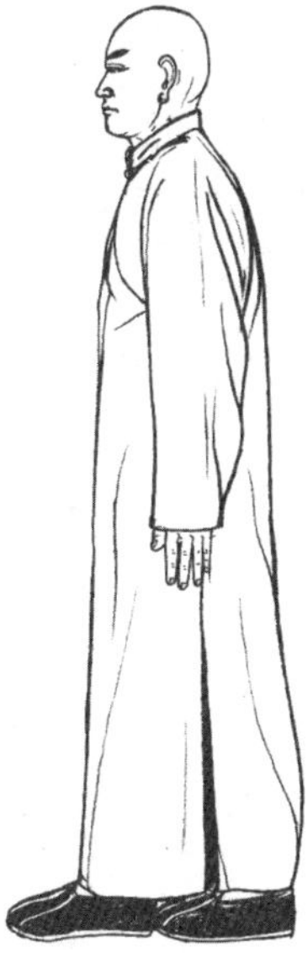
圖1-35附

圖1-36

(三)兩臂還原

兩臂、兩踵還原。(圖1-37)

(四)併步立正

左足併步,還原立正。

(二)(二)(三)(四),與(一)(二)(三)(四)勢同,唯右步做透步勢。(圖1-38~圖1-41)

圖1-37

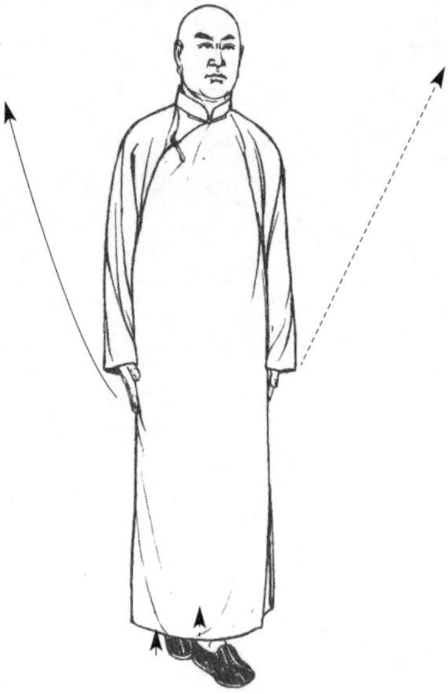

圖1-38

圖1-38附

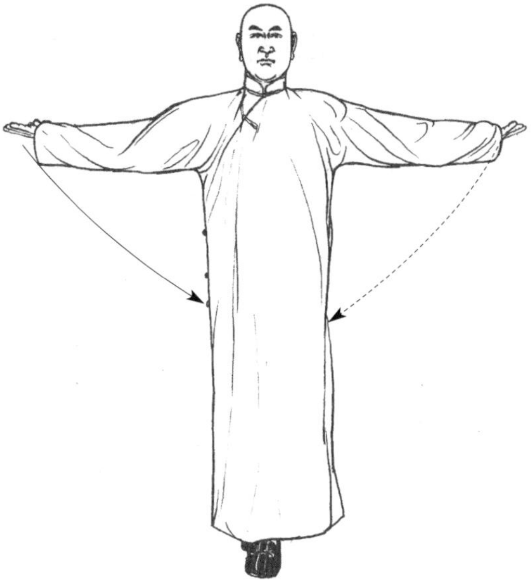

圖 1-39

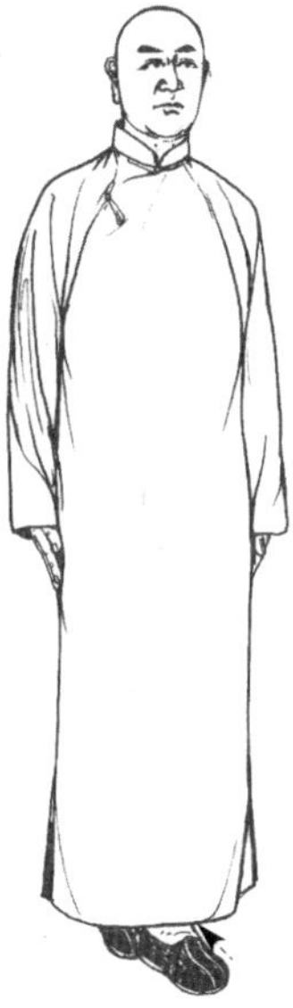

圖 1-40

圖 1-41

第五節

四動：

（一）透步前舉；（二）兩臂平分；

（三）兩臂平落；（四）併步立正。

（一）透步前舉

左足移至右足踵後方，作透步勢。同時，兩臂自下向上平托。（圖1-42）

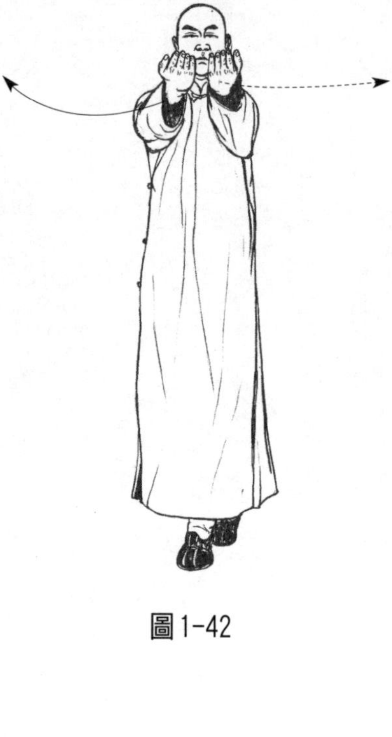

圖1-42

(二)兩臂平分

兩臂分向左右平開。（圖1-43）

(三)兩臂平落

兩臂下落，兩踵還原。（圖1-44）

圖1-43

圖1-44

(四)併步立正

左足併步，還原立正。

(二)(二)(三)(四)，與(一)(二)(三)(四)勢同，唯右足做透步勢。（圖1-45～圖1-48）

圖1-45

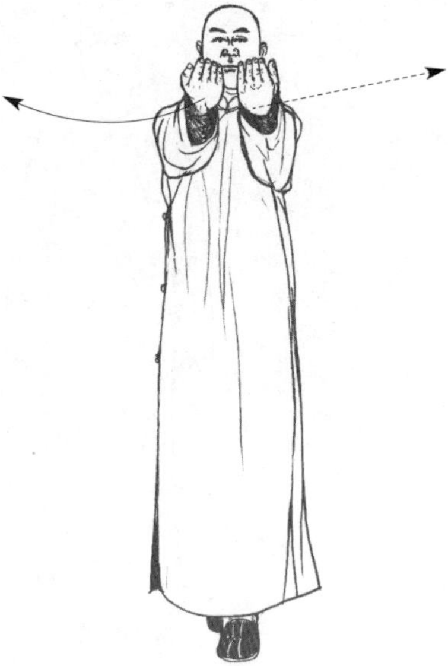

圖1-46

圖1-46附

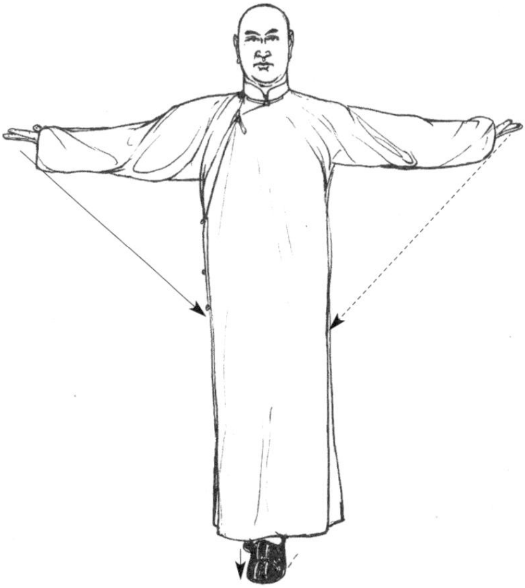

圖1-47

圖1-48

【教練口令】

第一節：兩臂左右平托，數一、二。

第二節：兩臂前舉分托，數一、二、三。

第三節：屈膝前舉分托，數一、二、三。

第四節：透步左右平托，數一、二、三、四，二、二、三、四。

第五節：透步前舉分托，數一、二、三、四，二、二、三、四。

【運動部分】

1. 此勢為上肢與下肢運動也，運動主要部分為旋肩胛骨之前後軸，及尺骨、肘頭骨。

2. 其主要筋肉，左右平托起落時，為三角筋、棘上筋、橈骨筋、小圓筋；平開時，兼大胸筋之運動。

3. 前舉平托時，為旋肩胛關節之運動，主要筋肉更有二頭胸筋及烏嘴轉筋。

4. 足踵提起時，即以足支持體重；放下時，使足踵關節伸展也。其主要筋肉為後脛骨筋、比目魚筋、長足蹠筋、腓腸筋等。

【注意及矯正】

1. 做此勢時，兩臂平直，身勿斜，側脊骨中正，以頭頂領起全身，腿部尤須著力。

2. 足踵起落時，慎勿牽制動搖，及猛以足踵頓地，恐震傷腦筋。

3. 各動作均宜徐徐提起，緩緩而落，以意導力，達於十指，隱覺熱氣下貫，方為得益。

4. 分托平托時，注意掌心平開時宜與肩平，鬆肩。

5. 臂下落時，亦徐徐下落，如隨地心吸引力，自然下落，則氣達指尖矣。

【治療】

此勢舒展胸膈，發育肺量，治胸臆脹滿不寧及呼吸促迫等症。

【應用】

平開勢，練習太極拳之胸靠。

前托勢之用，如敵出雙手迎面擊來，我蹲身從下用雙手平托其兩肘前送，敵即迎面倒去。

或敵以兩拳作雙風貫耳勢，從兩側攻我頭部；我則進身以兩手由內分格敵腕部或臑部，從而擊之也。（圖1-49～圖1-52）

圖1-49

圖1-50

圖1-51

圖1-52

第三勢　雙手上托勢

原名「韋馱獻杵第三勢」。（圖1-53）

取兩手舉物過頂，敬獻於人之意。又名「手托天勢」。

【原文】

掌托天門目上觀，足尖著地立身端。

力周骸脅渾如植，咬緊牙關不放寬。

舌可生津將顎抵，鼻可調息覺安全。

兩拳緩緩收回處，用力還將挾重看。

【解曰】

此亦為直立勢。

直身而立，足尖著地，兩臂由左右高舉，兩手反轉上托，掌心向上，若托物然。

及托至頂上，兩臂伸舒，兩手指尖相對，目上視，閉口舌抵上顎，氣從鼻孔出入，呼吸調勻。

足踵提起，力由腿部而上，周於兩脅，復運腋力順兩臂貫注掌心，達於指端，始緩緩落下，還立正勢（原文收回時作拳，此仍作掌）。

本此義編做法四節如後。

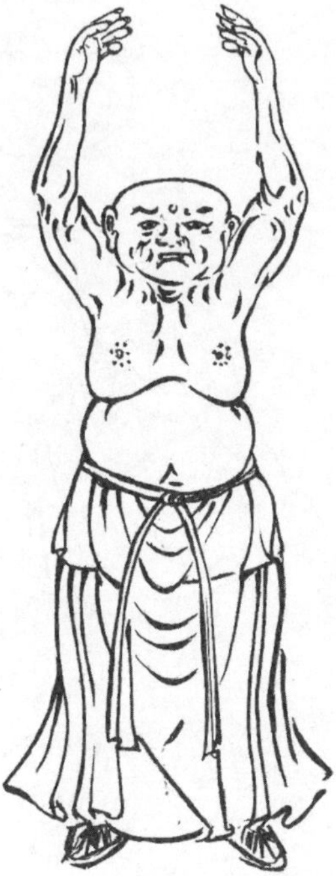

圖1-53　韋馱獻杵第三勢

第一節

二動：

（一）兩臂高舉；（二）兩臂下落。

(一)兩臂高舉

由立正勢，兩臂由左右向上高舉至頭上，兩手上

托，掌心向上，十指相對。同時，兩踵提起。目上視。（圖1-54、圖1-55）

(二)兩臂下落

兩臂下落，還原立定勢，足踵亦隨之下落。（圖1-56）

圖1-54

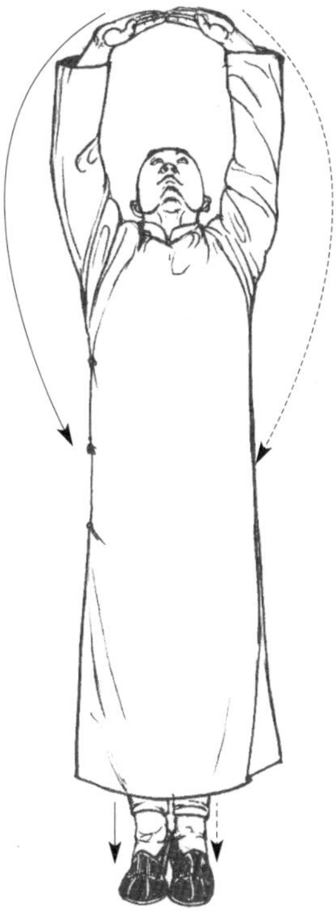
圖1-55

圖1-56

第二節

四動：

（一）屈臂平托；（二）兩臂平分；

（三）兩臂高舉；（四）兩臂下落。

(一)屈臂平托

屈臂平托，與第一勢第一節(一)動同。（圖1-57）

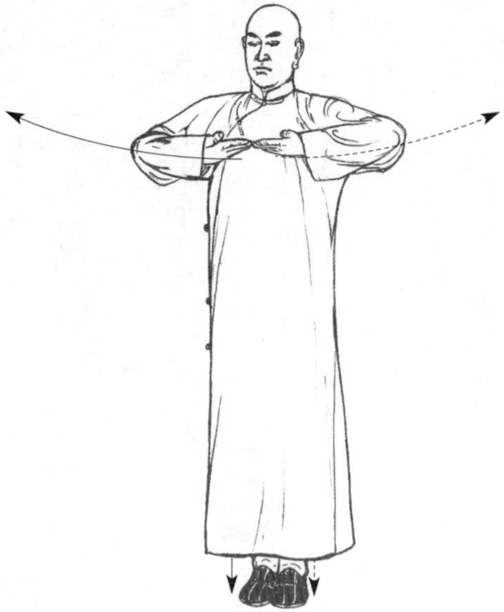

圖1-57

(二)兩臂平分

兩臂平分，與第一勢第三節(二)動同。（圖1-58）

圖1-58

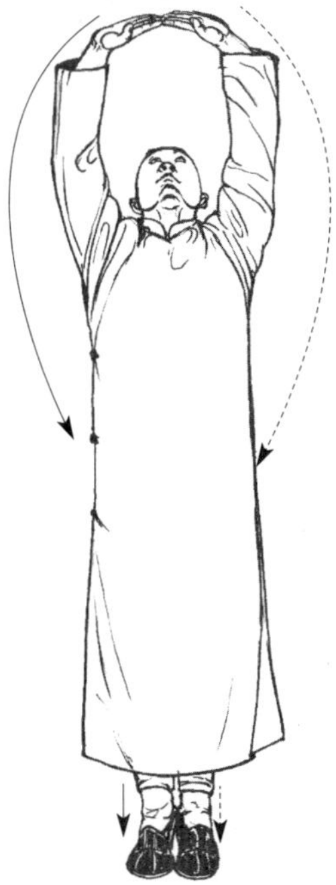

圖1-59

(三)兩臂高舉

兩臂高舉，與本勢第一節(一)動同。（圖1-59）

圖1-60

(四)兩臂下落

兩臂落下，還原立正勢。（圖1-60）

第 三 節

四動：

（一）前舉平托；

（二）兩臂平分；

（三）兩臂高舉；

（四）兩臂下按。

(一)前舉平托

兩臂前舉平托，與第二勢第二節(一)動同。（圖1-61）

圖1-61

(二)兩臂平分

兩臂平分，與第一勢第二節(二)動同。（圖1-62）

(三)兩臂高舉

兩臂高舉，與本勢第一節(一)動同。（圖1-63）

圖1-62

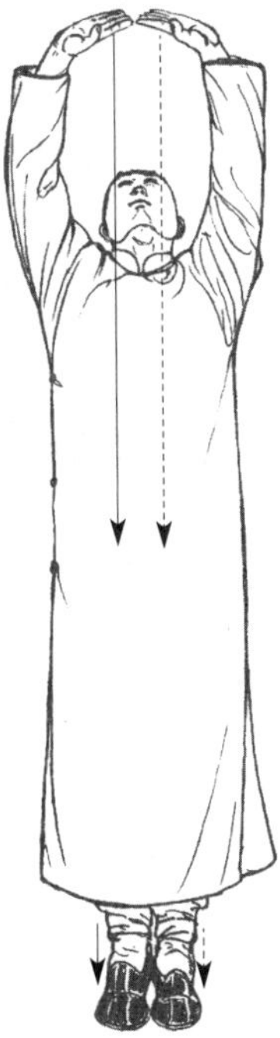

圖1-63

(四)兩臂下按

兩臂下按，與第一勢第一節(二)動同。（圖1-64、圖1-65）

圖1-64

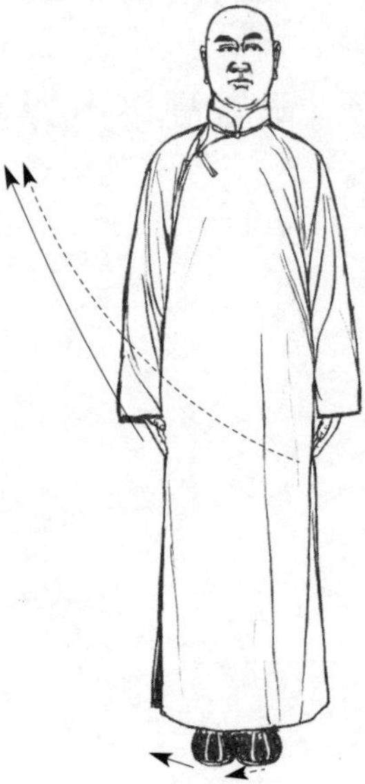

圖1-65

第 四 節

四動：

（一）交叉托臂；（二）兩臂平分；

（三）兩臂高舉；（四）兩臂下按。

(一)交叉屈臂

由立正勢，右足外撇，左足移至於右足後方，足尖與右足尖相對，兩足踵與兩足尖相對，兩足踵與兩足尖均在一直線上，兩膝微屈，作交叉步。同時，兩臂並掌向前平托。（圖1-66）

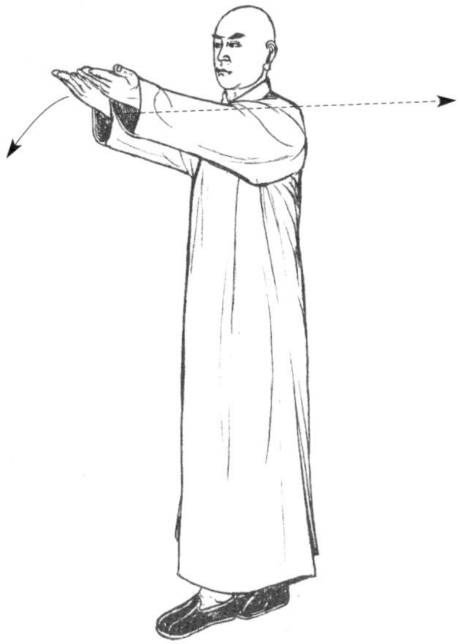

圖1-66

(二)兩臂平分

兩臂平分。（圖1-67）

圖1-67

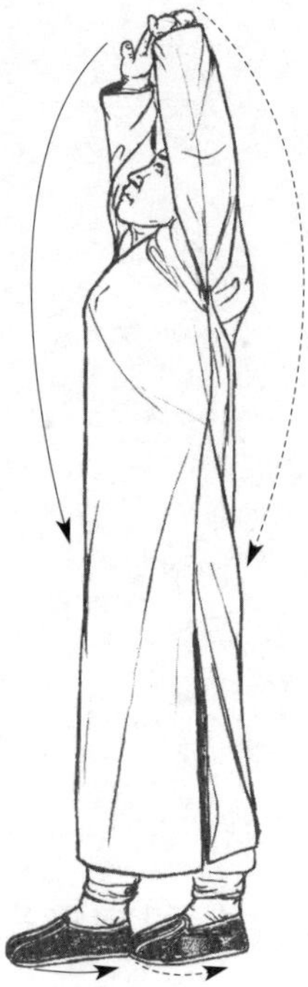

圖1-68

（三）兩臂高舉

兩臂高舉。（圖1-68）

(四)兩臂下按

兩臂下落，同時，左足還原立定勢。

(二)(二)(三)(四)，與(一)(二)(三)(四)勢同，唯右足行之。（圖1-69～圖1-73）

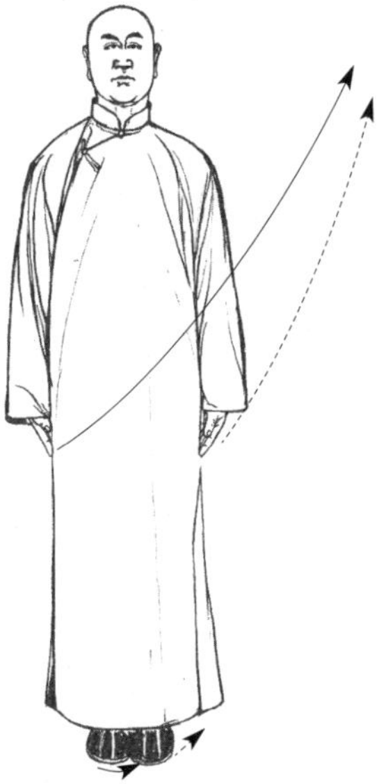

圖1-69

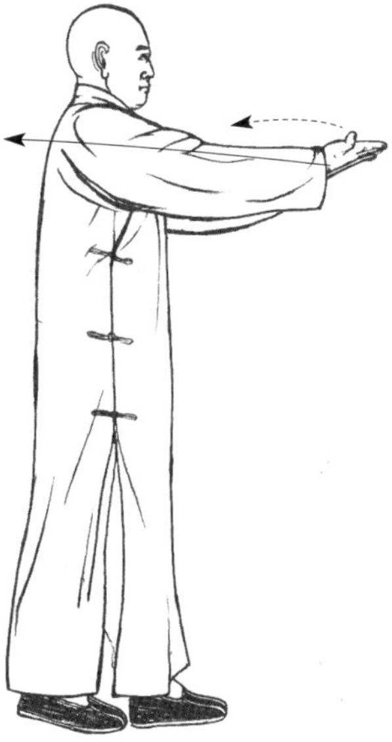

圖1-70

圖 1-71

圖 1-71 附

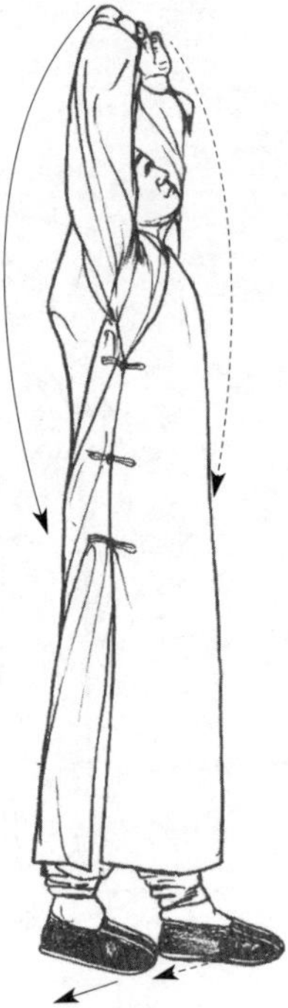

圖 1-72

圖 1-73

【教練口令】

第一節：雙手上托，數一、二。

第二節：屈臂平分上托，數一、二、三、四。

第三節：前舉平分上托下按，數一、二、三、四。

第四節：交叉托臂平分上托，數一、二、三、四、二、二、三、四。

【運動部分】

1. 此勢為全身運動，其注意之點為肩腕及足脛。

2. 兩臂上托時，運動肩胛關節及肩胛帶，主動筋肉為前大鋸筋、僧帽筋、三角筋、棘上筋等。

3. 下落時，主動筋肉為棘上筋、十圓筋、大胸筋等。

【注意及矯正】

1. 兩臂高舉時，兩臂伸直勿屈，掌心向上，用力上托，目上視，兩肩鬆勿上聳。

2. 提踵時，力由尾閭骨循脊骨上升，達於頂上。下按時，氣沉丹田。行之日久，則身體自強矣。

【治療】

調理三焦及消化系諸疾，如吞酸、吐酸、胃脘停滯、中氣不舒、腸胃不化等疾。

【應用】

增加舉物之力，可以練習太極拳中白鶴亮翅勢、

提手上勢。（圖 1-74～圖 1-78）

圖 1-74

圖 1-75

圖1-76

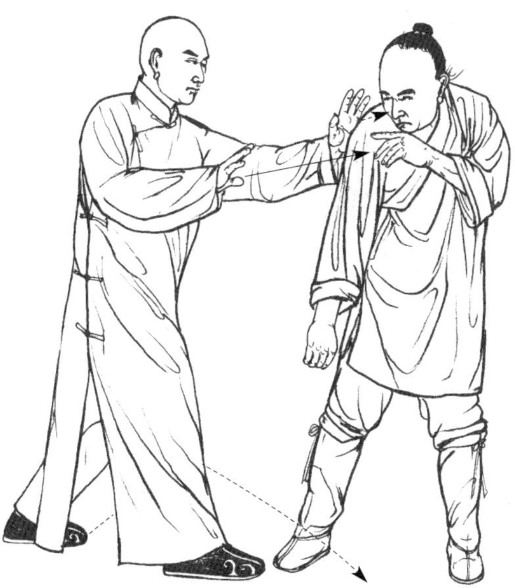

圖1-77

圖 1-78

第四勢　單臂上托勢

原名「摘星換斗勢」。（圖 1-79）

一名「朝天直舉」，又名「指天踏地」，即八段錦中之「單舉勢」也，一手朝上托，若摘星斗，兩手互換為之，故名。

【原文】

雙手托天掌覆頭，更從掌內注雙眸。

鼻端吸氣頻調息，用力收回左右侔。

【解曰】

此亦為直立勢，上肢之運動也。

以雙手左掌，由側面向上高舉，掌心向上托，覆於頂上，目上視，鼻端吸氣。

臂下落時，氣向外呼。

左右互換。

今本此義，編做法五節如後。

第一節

四動：

（一）左臂上托、右臂後屈；

（二）兩臂還原；

（三）右臂上托、左臂後屈；

（四）兩臂還原。

圖1-79　摘星換斗

(一)左臂上托、右臂後屈

由立正勢，左臂自左側向上高舉上托，掌心向上，指尖向右，頭仰視手背，體隨之半面向左轉；同時，右臂後回，屈肱橫置腰間，掌心向外，以手背附於左腎，支拄上體後仰之力。（圖1-80、圖1-81）

圖1-80

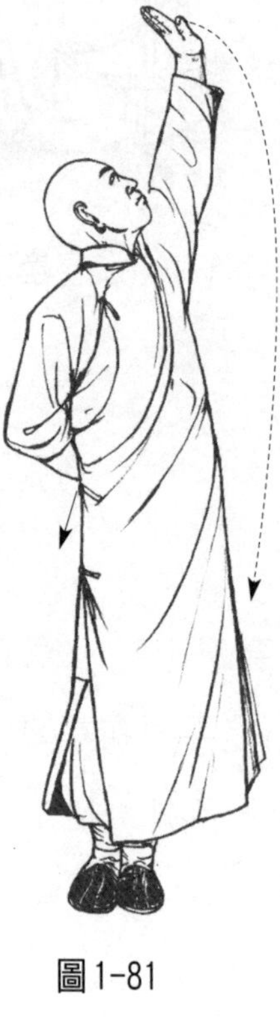
圖1-81

圖1-81附

(二)兩臂還原

兩臂放下，還原立正勢。（圖1-82）

圖1-82

圖1-83

(三)右臂上托、左臂後屈

右臂自右側向上高舉，左臂後回，上體半面向右轉，與第(一)動同。（圖1-83）

(四)兩臂還原

兩臂放下，還原立正勢。（圖1-84）

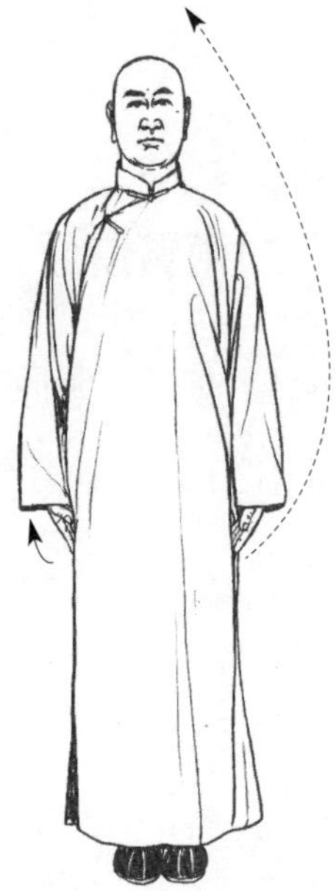

圖1-84

圖1-85

第二節

二動：

（一）左臂上托、右臂後屈；

（二）右臂上托、左臂後屈。

(一)左臂上托、右臂後屈

左臂自左側高舉上托，同時右臂後屈。（圖1-85）

(二)右臂上托、左臂後屈

右臂自右側高舉上托，同時左臂後屈。（圖1－86）

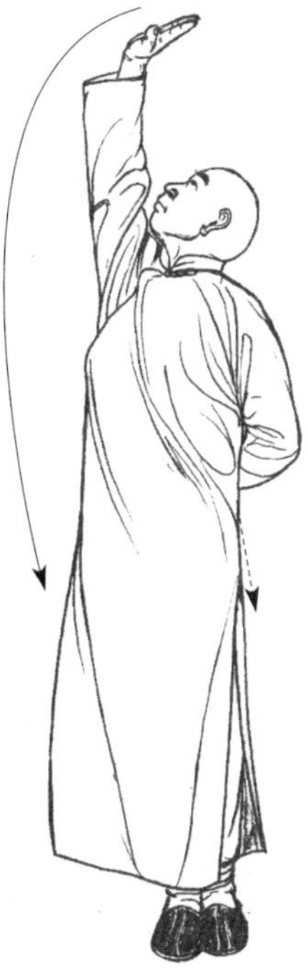

圖1-86

圖1-87

左右互換，連續為之。

兩臂放下，還原立正勢。（圖1-87）

第三節

左右各四動：

（一）左臂平托、右臂後屈；

（二）左臂平分；

（三）左臂上托；

（四）兩臂放下。

(一)左臂平托、右臂後屈

左臂自下向上屈臂平托，至胸骨前為止，掌心向上；同時右臂後回，屈肱橫置腰後。（圖1-88）

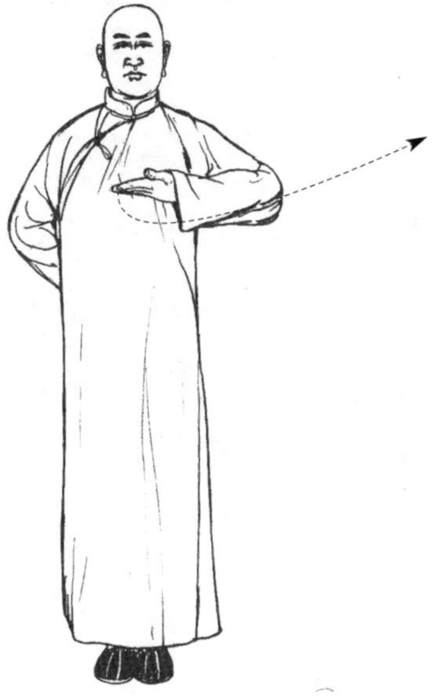

圖1-88

(二)左臂平分

右臂不動，左臂自胸前向左平分，與肩平為止。目視左手。（圖1-89）

圖1-89

圖1-90

(三)左臂上托

左勢上托，與本勢第一節(一)動同。(圖1-90)

(四)兩臂放下

兩臂下落，還原立正勢。

(二)(二)(三)(四)，與(一)(二)(三)(四)同。唯右臂行之。（圖1-91～圖1-94）

圖1-91

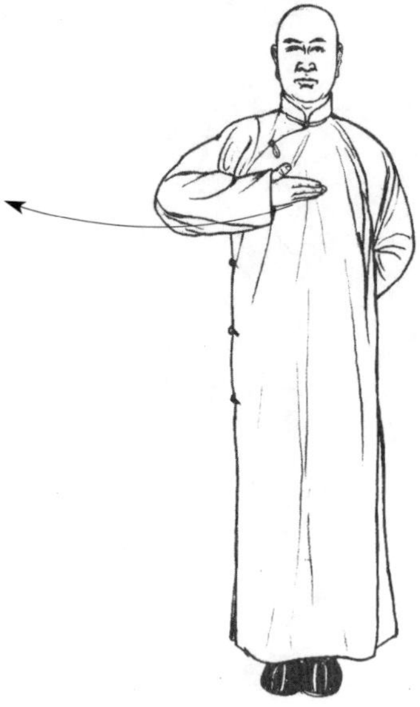

圖1-92

圖1-93

圖1-94

第四節

左右各五動：

（一）左臂平托，右臂後屈；

（二）左臂平分；

（三）左臂上托；

（四）左臂下按，上體前屈；

（五）上體還原。

(一)左臂平托、右臂後屈

與本勢第三節(一)動同。（圖1-95）

(二)左臂平分

與第三節(二)動同。（圖1-96）

圖1-95

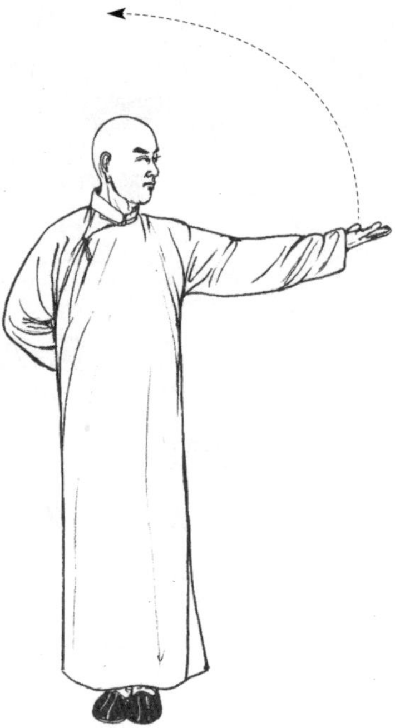

圖1-96

(三)左臂上托

與第三節(三)動同。(圖1-97)

(四)左臂下按、上體前屈

左臂下落,掌心向下,經面前、沿右肩、經胯旁,循腿下按,以掌心按地為止。同時,上體向左前方深屈。(圖1-98)

圖1-97

圖1-98

(五)上體還原

上體直立，左掌經過足趾前收回，兩臂垂直，還原立正勢。

(一)(二)(三)(四)(五)，與(一)(二)(三)(四)(五)同，唯右臂行之。（圖1-99～圖1-104）

圖1-99

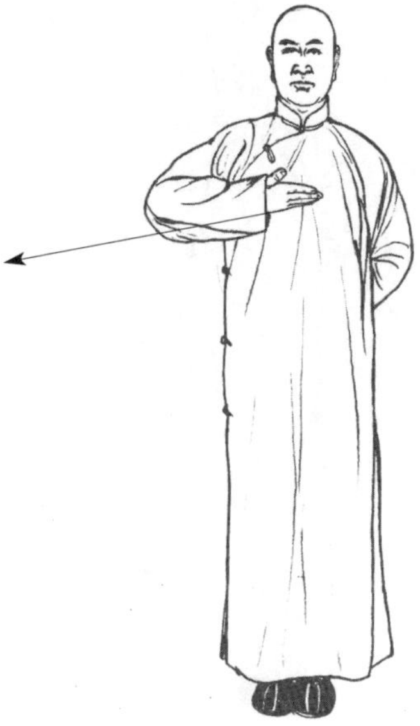

圖1-100

圖1-101

圖1-102

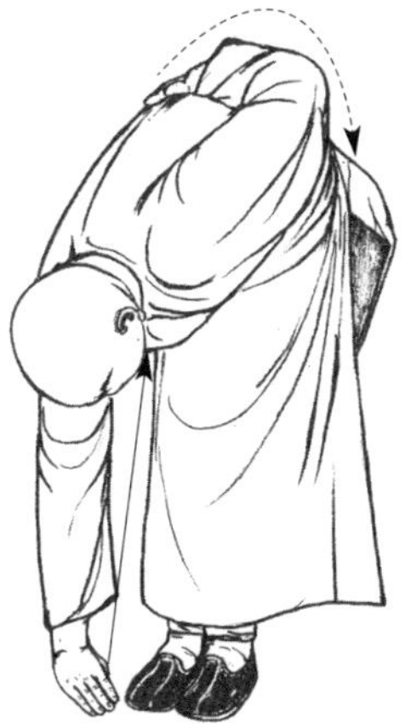

圖1-103

圖1-104

第五節

左右各四動：

（一）透步左臂平托、右臂後屈；

（二）左臂平分；

（三）上體左後轉、左臂上托；

（四）兩臂還原。

(一)透步左臂平托、右臂後屈

左足移至右足踵後方，作透步勢。同時，左臂平托，右臂後屈。（圖 1-105）

圖 1-105

圖 1-105附

(二)左臂平分

左足不動，左臂平分。（圖 1-106）

(三)上體左後轉、左臂上托

上體左轉後，兩足靠攏。同時，左臂隨上體後轉，高舉上托。（圖 1-107）

圖 1-106

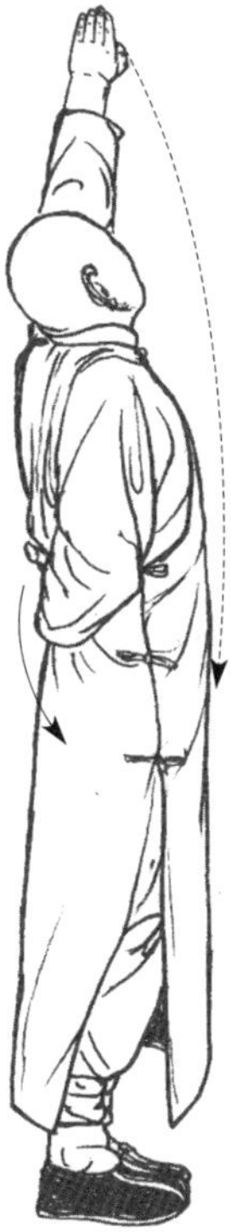

圖 1-107

(四)兩臂還原

兩臂下落。(圖1-108)

(五)透步右臂平托、左臂後屈

右足移至左足踵後方,作透步勢。同時,右臂平托,左臂後屈。(圖1-109)

圖1-108

圖1-109

圖1-109附

(六)右臂平分

右足不動，右臂平分。（圖 1-110）

圖 1-110

圖 1-110附

(七)上體左後轉、左臂上托

上體右轉後，兩足靠攏。同時，右臂隨上體後轉，高舉上托。（圖 1-111）

圖1-111

圖1-112

(八)兩臂還原

兩臂下落。(圖1-112)

【教練口令】

第一節:單臂上托,數一、二、三、四。

第二節:單臂互換上托,數一、二。

第三節:單臂平分上托,數一、二、三、四,二、二、三、四。

第四節：單臂平分上托下按，數一、二、三、四，二、二、三、四。

第五節：透步轉身上托，數一、二、三、四，二、二、三、四。

【運動部分】

1. 此勢為上肢、頭部、腰部及下肢之運動。

2. 臂上托時，為肩胛關節及肩胛帶之運動，主要筋肉為大鋸筋、僧帽筋、三角筋、棘上筋。

3. 臂後屈為肘關節之運動，主動筋肉為二頭膊筋、膊橈骨筋、內膊筋。

4. 頭後屈，目上視，為頭關節前後軸及橫軸之運動，主要筋肉為後大小直頭筋、上斜頭筋、頭夾板筋、頭長筋、頭半棘筋。

5. 上體側轉，為腰部筋肉之運動，凡斷裂筋、旋背筋及其他腹筋，均受其影響。

6. 上體前屈，脊柱前屈也，腰椎部所屈最多，小腰筋、直腹筋、腸腰筋，均為其主要筋肉。

7. 透步交叉，均為運動下肢筋肉。

8. 由此觀之，此單臂運動，倘運動得宜，則十二節運動可以普及，較體操之雙臂齊出之動作，至為有效也。

【注意及矯正】

1. 屈臂平托時，目宜視前方。臂平分時，目宜隨之旋轉。上托時則仰首注視掌背；臂下落則還原正視。

2. 上體左右旋轉，兩腿仍直立勿動，臂後屈手宜支拄腰腎，其手背貼附之力，須與上托之臂相應。

3. 步交叉時，上體宜直立勿傾。

【治療】

調理脾胃及腰腎諸疾。

【應用】

練習拳術中領托諸功，轉身透步各法，為靈活肩腰及下肢，使之有屈伸力。（圖 1-113 ~ 圖 1-115）

圖 1-113

圖1-114

圖1-115

第五勢　雙推手勢

原名「出爪亮翅勢」。（圖1-116）

兩手作掌前推，如鳥之出爪，由後運臂向左右分展，如鳥之亮翅也，乃合「先天十八手」中之「排山運掌」及「黑虎伸腰」，二勢為一勢，而施運動者也。

形意中之「虎形」、八卦中之「雙撞掌」、太極拳之「如封似閉」、岳勢連拳之「掌舵勢」，蓋均取法於此。岳武穆平生以善「雙推手」得名，言少林拳術者，每稱之為鼻祖，故取以名。

此勢云：五禽經之虎、鳥二形，亦與此相近。

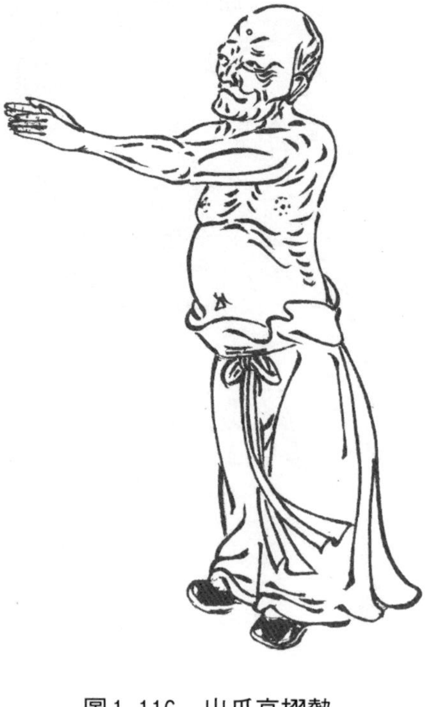

圖1-116　出爪亮翅勢

【原文】

挺身兼怒目，推手向當前。

用力收回處，功須七次全。

【解曰】

挺者，直也。挺身者，身體挺直之謂也。當前者，向胸前正面也。

挺身而立，目前視，兩手作掌，向前雙推，然後用力握拳收回。

原文未含亮翅動作意，今本其意，參以先天十八手中二、三兩勢，分節編做法六節如後。

第一節

二動：

（一）立正抱肘；

（二）兩手前推。

(一)立正抱肘

由立正勢，兩臂屈，兩手握拳，手心向上，分至兩脅下，作抱肘勢。目平視。（圖1-117、圖1-118）

圖1-117

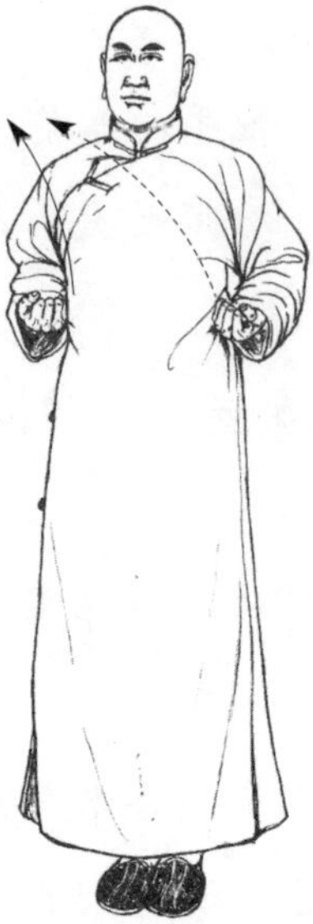

圖1-118

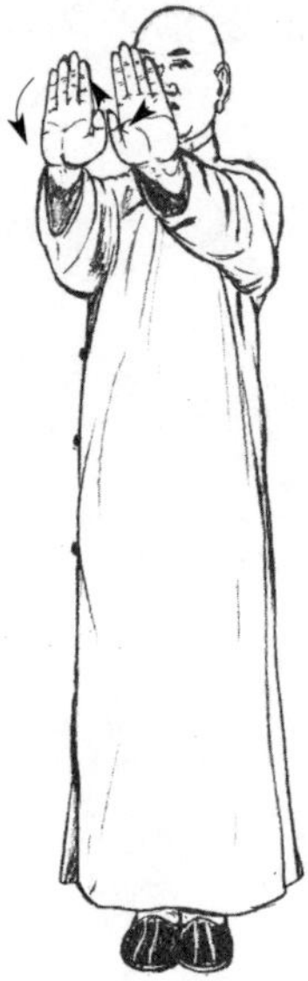

圖1-119

圖1-119附

(二)兩手前推

兩拳變掌，徐徐向前平推與肩平，手心向前。（圖1-119）

(三)抱肘勢

兩掌上翻，手心向上，握拳屈回，仍還抱肘勢。（圖1-120、圖1-121）

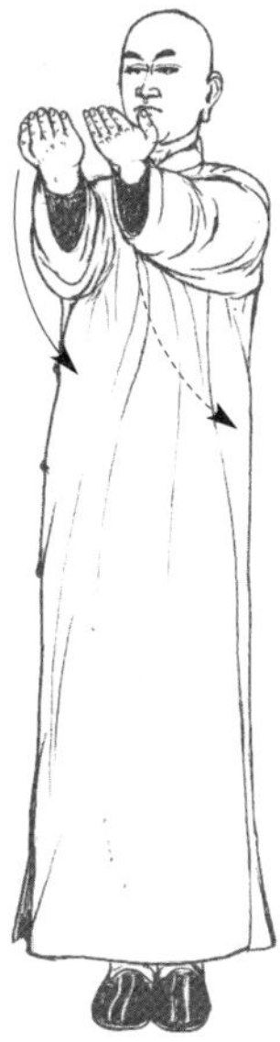

圖1-120

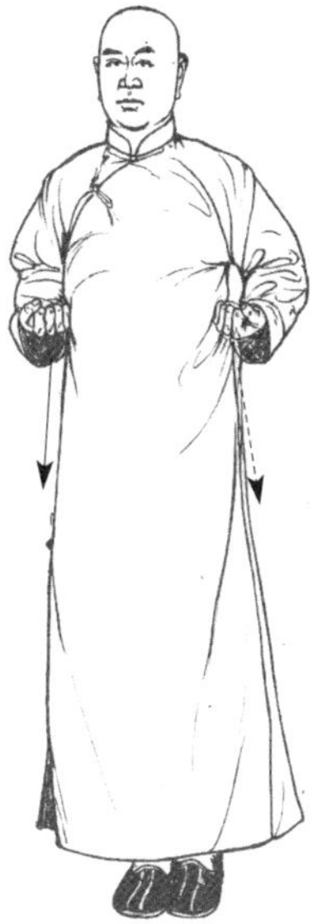

圖1-121

(四)立正勢

兩手仍向前推，如此反覆行之。停動，兩臂放下，還原立正勢。

第二節

二動：

（一）立正抱肘；（二）開步前推。

(一)立正抱肘

與本勢第一節(一)動同。(圖1-122、圖1-123)

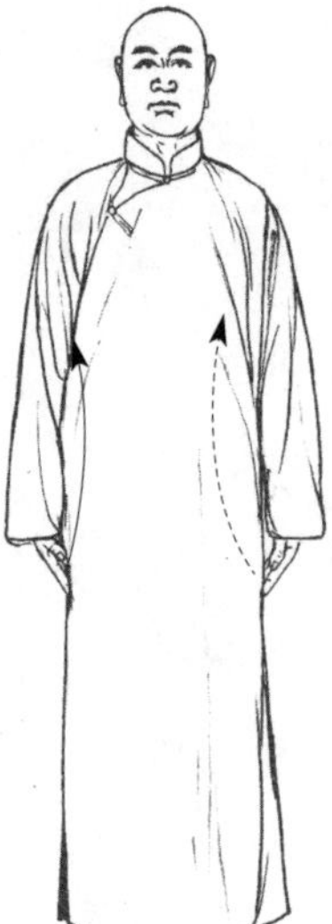

圖1-122

圖1-123

(二)開步前推

兩掌向前平推，同時，左足前進一步，屈膝作左弓箭步。（圖1-124）

圖1-124

圖1-124附

(三)抱肘勢

兩掌上翻，手心向上，仍握拳，兩臂屈回，還原抱肘勢。（圖1-125、圖1-126）

圖 1-125

圖 1-125 附

圖 1-126

(四)立正勢

與(二)動同，唯右足前進。停動，右足收回，兩臂放下，還原立正勢。（圖1-127～圖1-130）

圖1-127

圖1-127附

圖1-128

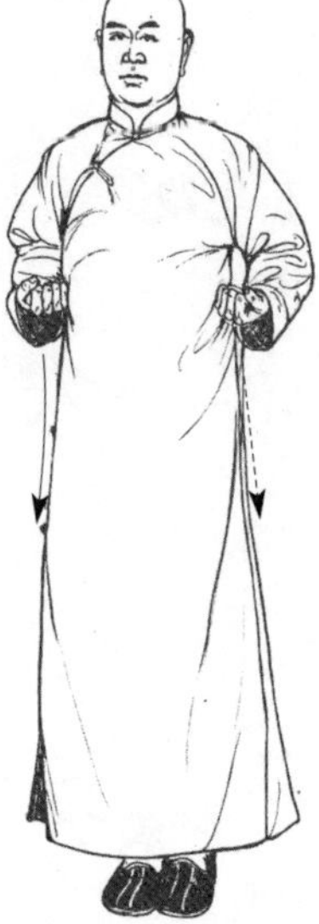

圖 1-129

圖 1-130

圖 1-131

第 三 節

四動：

（一）立正抱肘；（二）開步蹲身前推；

（三）還原抱肘；（四）兩臂放下。

(一)立正抱肘

與本勢第一節(一)動同。（圖 1-131）

(二)步蹲身前推

兩掌向前平推，同時，左足側出一步，屈膝作騎馬勢，上體仍直立勿動。（圖1-132）

(三)還原抱肘

兩臂屈回，兩膝伸直，左足收攏，還原抱肘勢。（圖1-133）

圖1-132

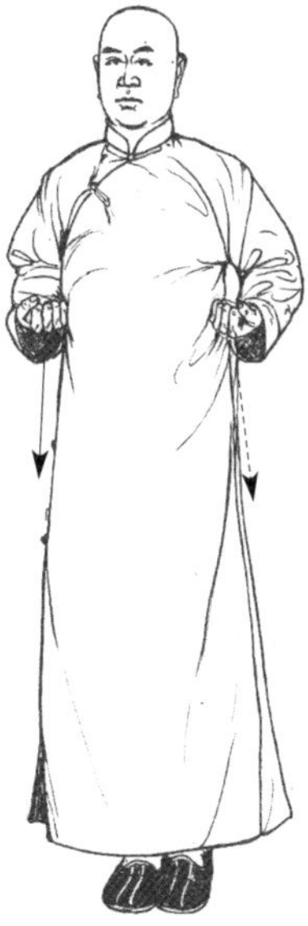

圖1-133

(四)兩臂放下

兩臂放下。

(二)(二)(三)(四)，與(一)(二)(三)(四)勢同，唯右足側出。（圖1-134～圖1-138）

圖1-134

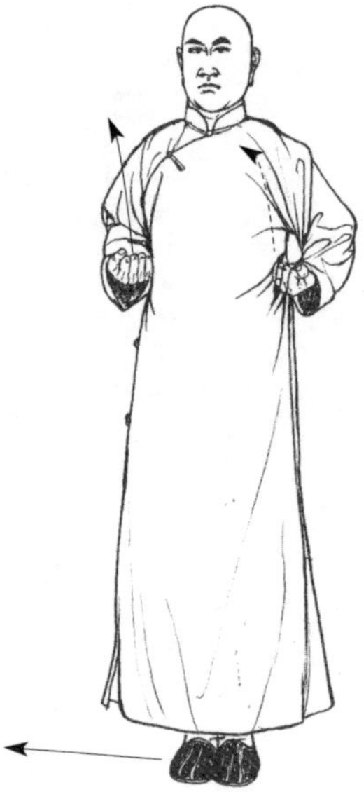

圖1-135

圖1-136

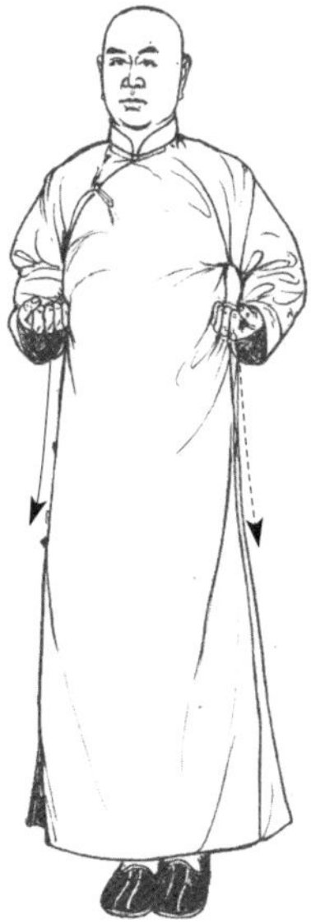

圖 1-137

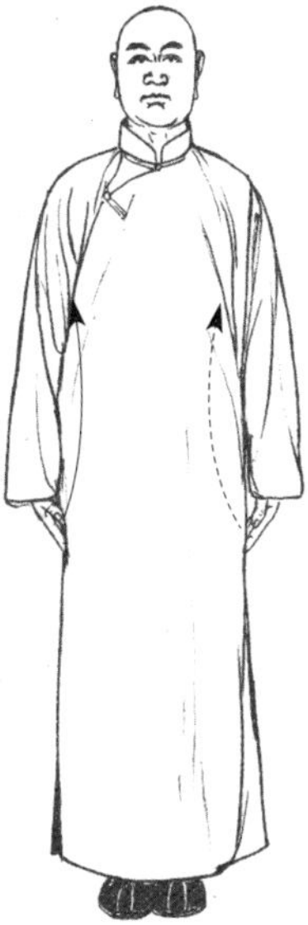

圖 1-138

第 四 節

四動：

（一）開步抱肘；　（二）轉身推掌；

（三）還原抱肘勢；（四）併步立正。

(一)開步抱肘

屈臂作抱肘勢，同時，左足側出一步。（圖 1-139、圖 1-140）

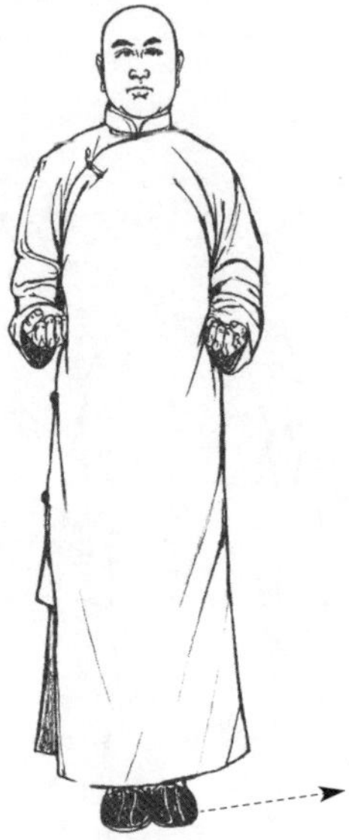

圖 1-139

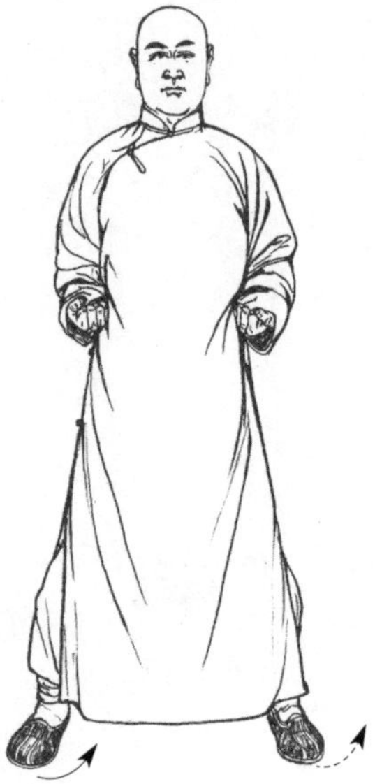

圖 1-140

(二)轉身推掌

上體向左轉，屈左膝作左弓箭步，同時，兩掌向前平推。即左轉身推掌勢。（圖 1-141、圖 1-142）

(三)還原抱肘勢

兩臂屈回，上體向右轉，還原開步抱肘勢。（圖 1-143）

圖1-141

圖1-142

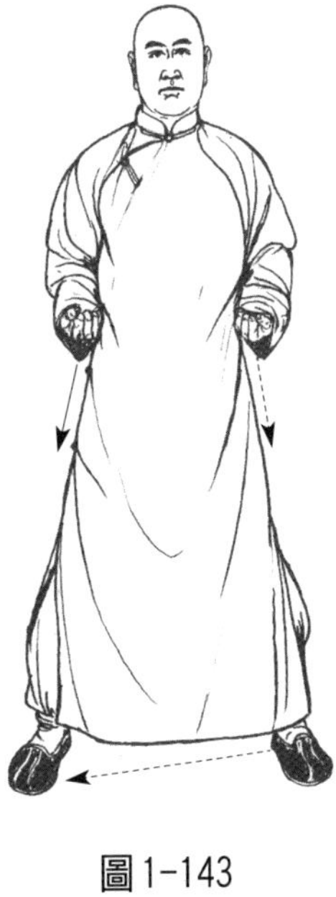

圖1-143

(四)併步立正

左足收回靠攏，兩臂放下，還原立正勢。

(二)(二)(三)(四)，與(一)(二)(三)(四)勢同，唯右足側出，兩掌前推耳。（圖1-144～圖1-151）

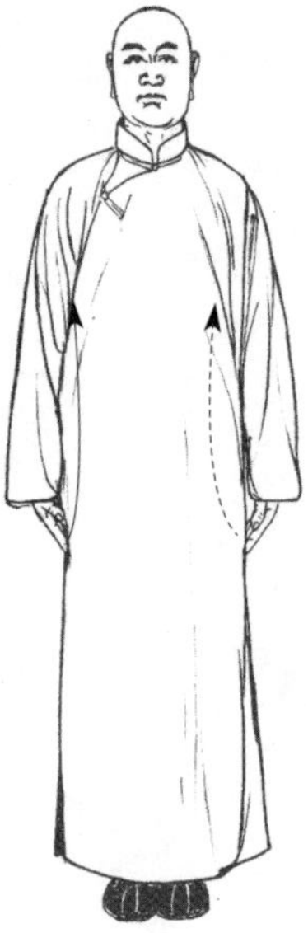

圖1-144

圖1-145

圖1-146

圖1-147

圖1-148

圖1-149

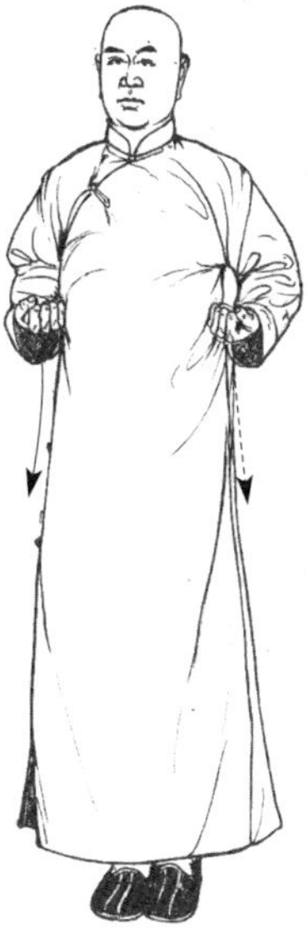

圖1-150

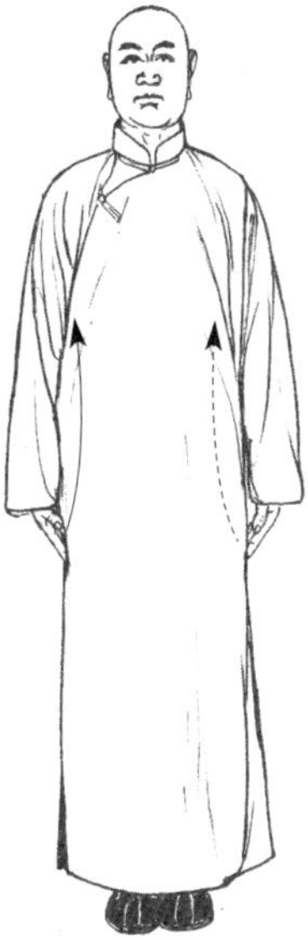

圖1-151

第五節

四動：

（一）立正抱肘；

（二）開步前推；

（三）探身分推；

（四）還原立正勢。

(一)立正抱肘

與本勢第一節(一)動同。（圖1-152）

圖1-152

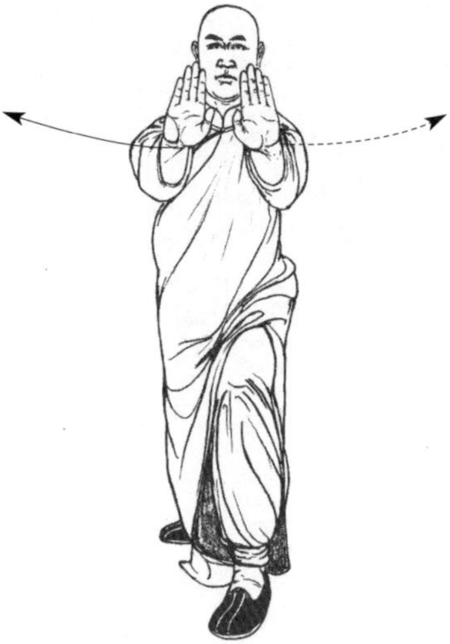

圖1-153

(二)開步前推

開步前推，與本勢第二節動同。（圖1-153）

(三)探身分推

上體微向前探，同時，兩掌分向左右平推，與肩平，手指向上，掌心吐力。（圖1-154）

(四)還原立正勢

兩臂放下，左腿亦收回，還原立正勢。

(一)(二)(三)(四)，與(一)(二)(三)(四)同，唯右足前進耳。（圖1-155～圖1-159）

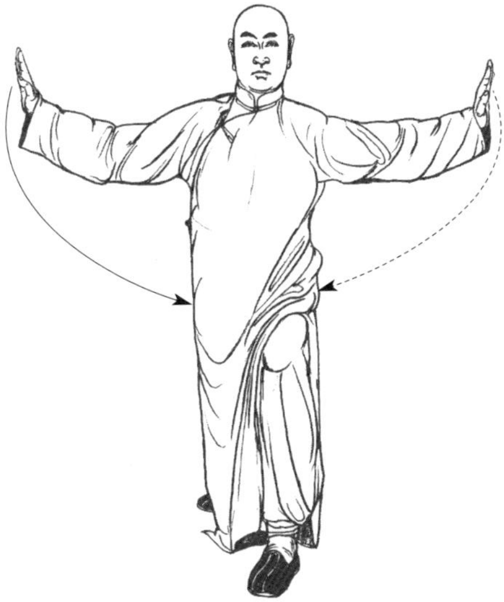

圖1-154

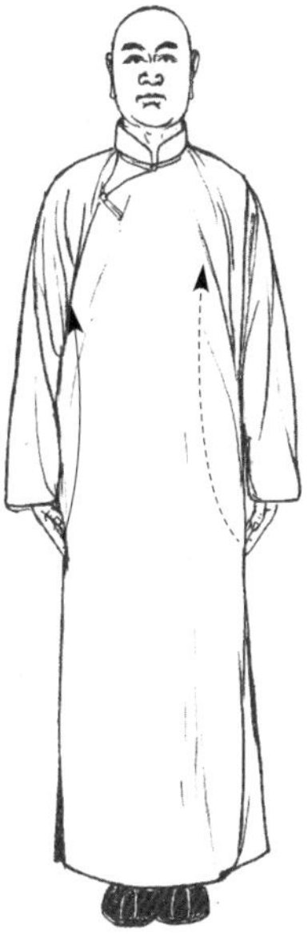

圖1-155

圖1-156

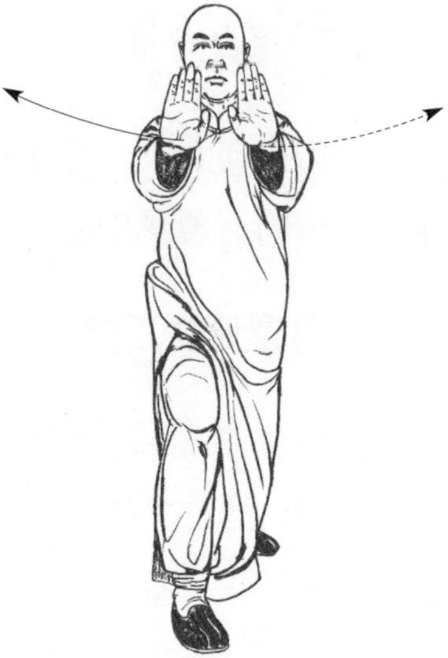

圖1-157

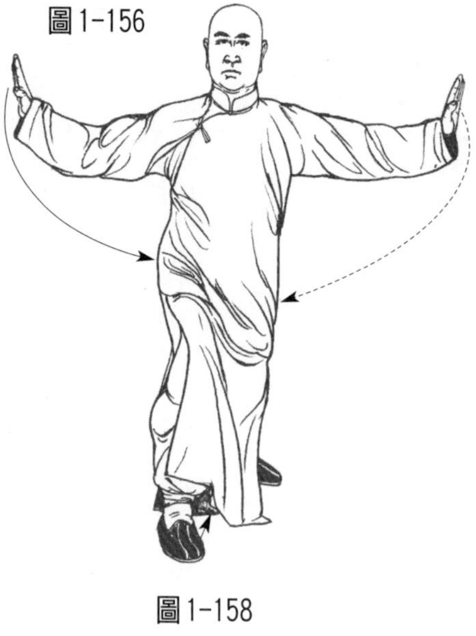

圖1-158

圖1-159

【教練口令】

第一節：兩拳前推，數一、二。

第二節：進步前推，數一、二。

第三節：蹲身前推，數一、二、三、四，二、二、三、四。

第四節：開步左右推掌，數一、二、三、四，二、二、三、四。

【運動部分】

1. 此勢為上肢、下肢等運動。

2. 前推時，主要筋肉為二頭膊筋、烏嘴膊筋。

3. 分推時，為三角筋、棘上筋、橈骨筋及大胸筋。

4. 足前進屈膝，主要筋肉為半膜樣筋、半腱樣筋、二頭股筋、薄骨筋、縫匠筋等。

【注意及矯正】

1. 前推時，手腕宜與肩平，手指挺直勿屈。

2. 分推時，臂宜伸直，掌心吐力，上體前探，不宜過屈。

3. 膝前屈時，後足足踵不可離地。

【治療】

此勢分推時，可舒展胸膈，發育肺量，治胸臆脹滿等症。

【應用】

可以練習太極拳之如封似閉。（圖 1-160、圖 1-161）

圖 1-160

圖 1-161

八卦掌中之雙撞掌。（圖1-162、圖1-163）

圖1-162

圖1-163

岳勢連拳之掌舵勢。（圖1-164、圖1-165）

圖1-164

圖1-165

第六勢　膝臂左右屈伸勢

原名「倒拽九牛尾勢」。（圖1-166）

取周身用力後拽狀，若執牛尾者然，一名「回身掌勢」。

【原文】

兩腿後伸前屈，小腹運氣空鬆。

用力在於兩膀，觀拳須注雙瞳。

圖1-166　倒拽九牛尾勢

【解曰】

由立正勢，兩足分開，右（左）腿屈膝，左（右）腿伸直，作蹬弓勢樁步。同時，右（左）臂亦向右（左）側方伸出，仰手攏五指作猴拳，肱略屈；左（右）臂背手，向左（右）後伸，仰手攏五指作猴拳，臂膀用力，氣沉丹田。兩眼注視前拳。

本此義編做法三節如後。

第一節

四動：

（一）開步兩臂側舉；

（二）兩臂前後屈伸；

（三）還原側舉；

（四）兩臂前後屈伸。

（一）開步兩臂側舉

由立正勢，左足側出一步，兩膝屈作騎馬勢樁步。同時，兩臂左右側舉，俾與肩平，兩手作掌，掌心向下。目前視。（圖 1-167、圖 1-168）

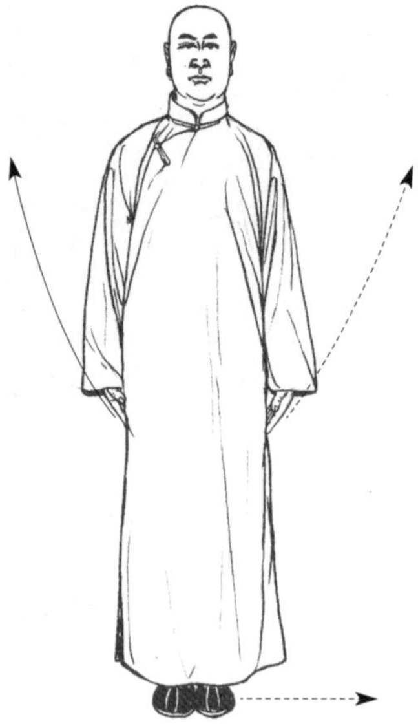

圖 1-167

圖1-168

(二)兩臂前後屈伸

左足尖扭轉外移，左膝弓；右足尖內扣，右腿伸直，作左弓箭步樁。同時，上體向左轉，左臂屈肱，肘彎處應成鈍角，左掌五指攏撮作鈎形，屈腕向上，掌指均對鼻端；右臂微下垂，彎轉身後，右掌亦作鈎形，背手向上。目視左手。（圖1-169）

(三)還原側舉

兩膝仍屈，還原騎馬勢。同時，兩臂伸直，復(一)之姿勢。（圖1-170）

圖 1-169

圖 1-170

(四)兩臂前後屈伸

上體右轉，右膝前屈，左腿伸直。右臂屈肱，左臂在後伸直，兩掌作鈎形。目視右手。（圖 1-171）

兩臂放下，兩足並齊，還原立正勢。(圖 1-172)

圖1-171

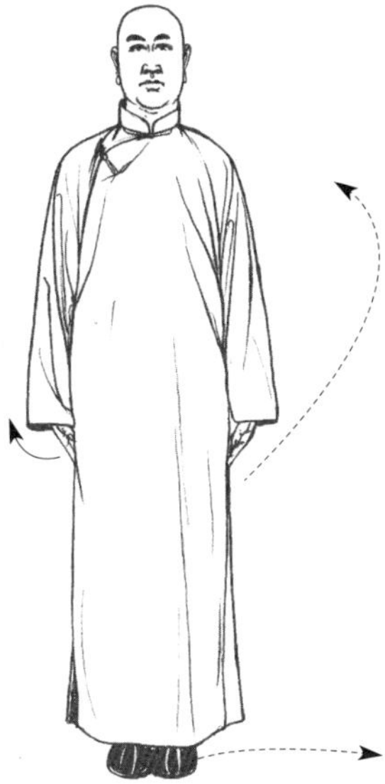

圖1-172

第二節

二動：

（一）左轉膝、臂屈伸；

（二）右轉膝、臂屈伸。

(一)左轉膝、臂屈伸

由立正勢，上體左轉，左足側出一步，屈膝前弓，右腿在後伸直。左臂側舉，屈肱向上，右臂後伸，兩手作鈎，與本勢第一節(二)動同。（圖1-173）

圖1-173

(二)右轉膝、臂屈伸

右臂自右下方旋至上方，屈肱作鈎，同時，身向右轉，成右弓箭步，左臂下轉作鈎。目視右手。（圖1-174）

還原，與第一節同。（圖1-175）

第 三 節

三動：

（一）左轉膝、臂屈伸；（二）護肩掌；（三）開步推掌。

圖1-174

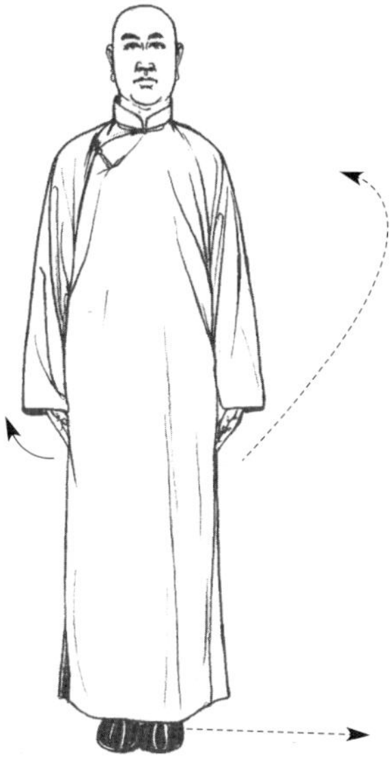

圖1-175

(一)左轉膝、臂屈伸

與本勢第二節(一)動同。（圖1-176）

圖1-176

(二)護肩掌

左足收回平步，足尖點地，貼右足踵側，右膝亦屈，作左丁虛步樁。同時，左臂屈回，左鈎變掌，置於右肩前，作護肩掌勢。（圖1-177）

(三)開步推掌

左腿復前進半步，左膝還原左弓箭步樁。同時，左掌向前推出，與肩平，坐腕立掌，五指向上；右手仍在後作鈎形。（圖1-178）

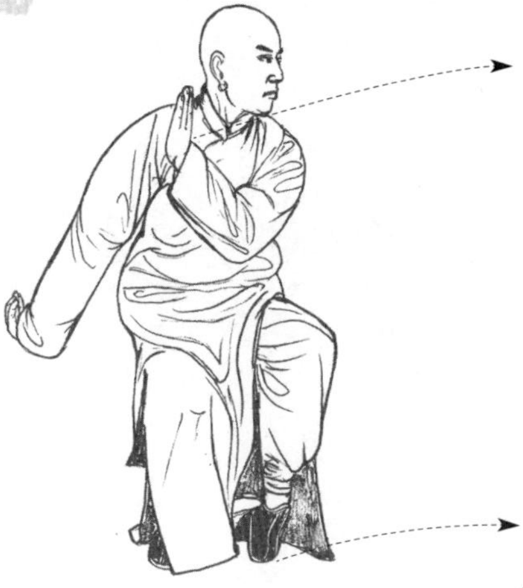

圖1-177

圖1-178

(四)右轉膝、臂屈伸

與本勢第二節(二)動同。（圖1-179）

(五)護肩掌

右足收回，作右丁虛步。右臂屈回，右鈎變掌，置於左肩前，作護肩掌勢。（圖1-180）

圖1-179

圖1-180

(六)推 掌

右腿前進，仍還原右弓箭步，右掌向前平推，作開步推掌勢。還原同上。（圖1-181、圖1-182）

圖1-

圖1-182

【教練口令】

第一節：膝臂屈伸，數一、二、三、四，二、二、三、四。

第二節：膝臂屈伸互換，數一、二、三、四，二、二、三、四。

第三節：膝臂屈伸護肩，數一、二、三、四，二、二、三、四。

【運動部分】

1. 此勢亦上肢及下肢運動也。

2. 兩臂側舉，其主要部分為旋肩胛關節。屈肘為肘頭關節。

3. 側舉時，主要筋肉為三角筋、棘上筋、橈骨筋、小圓筋。

4. 屈肘時，為二頭膊橈骨筋、內膊筋。

5. 手腕屈伸，其主要筋肉為內橈骨筋、內尺骨筋、淺屈指筋等。

【注意及矯正】

1. 兩臂側舉，宜與肩平，兩肩勿聳起，上體宜直立。

2. 足側出作騎馬步時，兩足尖均應向同一方向；作弓箭步時，踏出之腿，盡力屈膝，但不可過足尖，後腿盡力伸直，足踵不可離地。

【治療】

可以治療腿臂屈伸不靈活諸病。

【應用】

可以練習拳術之騎馬勢、弓箭步等樁步。（圖1-183、圖1-184）

圖1-183

圖1-184

第七勢　屈臂抱顎勢

一名「九鬼拔馬刀勢」。（圖1-185）

蓋因馬刀甚長，非自背後拔刀，不能出鞘，此乃模仿其形勢而為動作者。

又即導引術之鴟顧，頭向左右顧視如鴟也。

【原文】

側身彎肱，抱項及頸。

自頭收回，弗嫌力猛。

左右相輪，身直氣靜。

【解曰】

此亦為直立姿勢，側身而立，頭向左右顧視，左（右）臂自頭側方高舉，向對方屈肱，以左（右）手搬抱下顎骨，同時，右（左）臂屈肱後回，橫置腰間。下肢直立勿動，呼吸調勻，心定氣靜。

左右互換為之。

今本此意，編做法三節如後。

圖1-185　九鬼拔馬刀勢

第一節

四動：

（一）兩臂平舉；

（二）屈左臂抱頸、右臂後回；

（三）還原平舉；

（四）屈左臂抱顎、左臂後回。

(一)兩臂平舉

由立正勢，兩臂自左右向上平舉，與肩水平，掌心向下。（圖1-186、圖1-187）

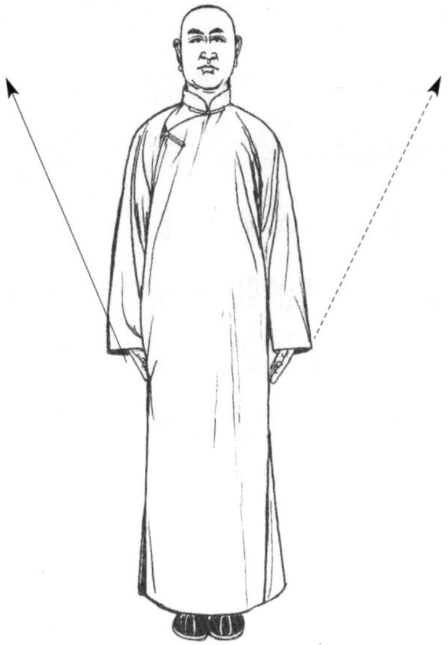

圖1-186

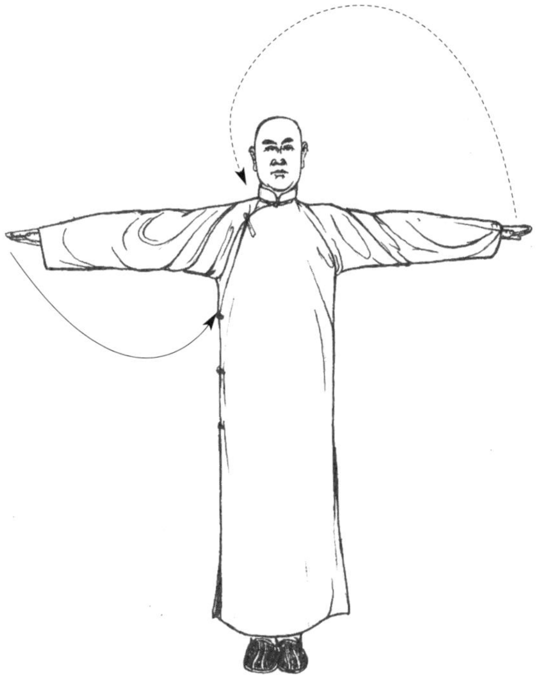

圖1-187

(二)屈左臂抱頸、右臂後回

頭向左顧，頸向左屈。左臂向對方屈肘於頭後，以左手手指搬抱下顎骨，同時，右臂屈肘後回，橫置腰間，掌心向外。下肢均直立勿動。（圖1-188）

(三)還原平舉

兩臂還原側舉，頭亦直立。（圖1-189）

圖 1-188

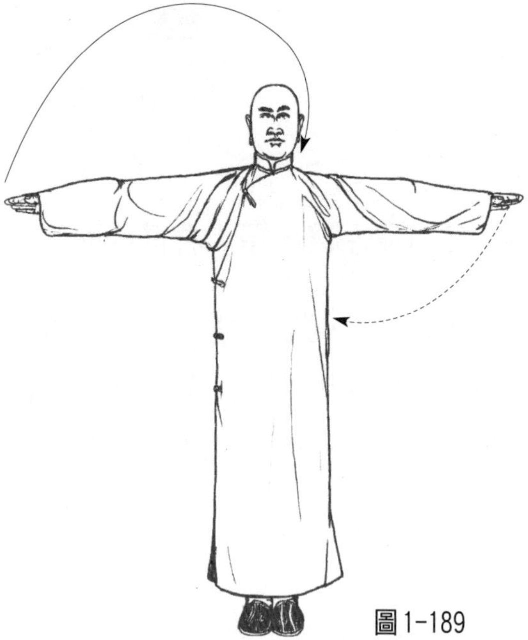
圖 1-189

(四)屈左臂抱顎、左臂後回

頭向左顧，頸向右屈，右臂高舉，向對方屈肘於頭後，以右手手指搬抱下顎骨，同時，左臂屈肘後回，橫置腰間，掌心向外。（圖1-190）

如此左右互換為之。

兩臂放下，還原立正勢，頭恢復直立。（圖1-191）

圖1-190

圖1-191

第二節

二動：

（一）屈左臂抱顎；

（二）屈右臂抱顎。

(一)屈左臂抱顎

由立正勢，頭向右顧，頸向左屈，左臂高舉，向對方屈肘，以左手搬抱下顎骨，同時，右臂屈肘後回，與本勢第一節(二)動同。（圖1-192）

圖1-192

(二)屈右臂抱顎

頭向右顧，頸向左屈，右臂高舉，向對方屈肘，以右手搬抱下顎骨，同時左臂下落，屈肘後回，與本勢第一節(四)動同。（圖1-193）

如此左右互換為之。還原同第一節。(圖1-194)

圖1-193

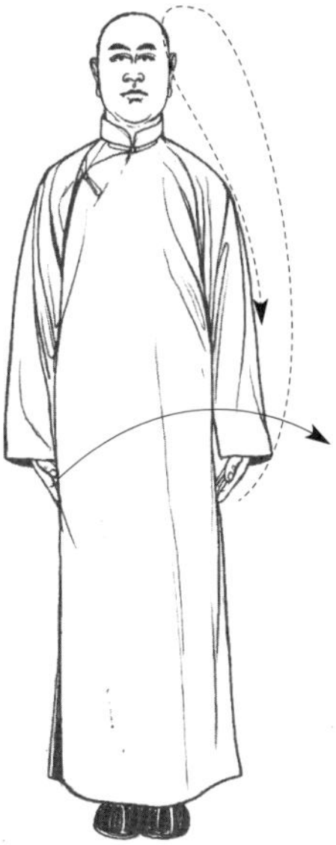

圖1-194

圖1-195

第 三 節

二動：

（一）右臂側舉、上體向左屈；

（二）左臂側舉、上體向右屈。

(一)右臂側舉、上體左屈

由立正勢，上體向左屈，左臂自側方向上高舉於頭上，微向左屈。右手小指、無名指與拇指攏合一處，其餘二指伸直，隨身向左下方指，同時，左臂屈肘後回，橫置腰間，眼下視左足踵。（圖1-195）

(二)左臂側舉、上體右屈

上體向右屈，左臂自下高舉於頭側，微向右屈。左手小指、無名指與拇指攏合一處，其餘二指隨身向右下側指，同時，右臂屈肘後回，橫置腰間，眼下視右足踵。（圖1-196）

如此左右互換為之。

還原同上。（圖1-197）

【教練口令】

第一節：屈臂抱顎，數一、二、三、四。

第二節：屈臂抱顎互換，數一、二。

第三節：上體向左右屈，數一、二。

圖1-196

圖1-197

【運動部分】

1. 此勢為頭部、上肢及腰部運動。

2. 頭側屈，為頭關節前後軸及橫軸之運動，主要筋肉為大後直頭筋、小後直頭筋、上斜筋、夾板筋、頭長筋、頭半棘筋等。

3. 臂側舉時，其主要筋肉為三角筋、棘上筋、橈骨筋、小圓筋。

4. 臂上舉屈肘時，為肩胛關節及肘關節之運動，主要筋肉為前大鋸筋、僧帽筋、二頭膊筋、膊橈骨筋、內膊骨筋等。

5. 上體向左右屈，為脊柱側屈，兩旁筋肉交互動作，主要筋肉為薦骨脊柱筋、橫棘筋、方形腰筋、外斜腹筋等。

【注意及矯正】

1. 頭側屈時，勿前俯後仰，顎勿前突，肩勿上聳。

2. 側身時，以脊椎為樞紐，左右轉動為之，上身挺直。

3. 腰側屈時，下肢直立勿動。

【治療】

矯正脖頸前探及脊柱不正等癖，並療治頭目不清（腦充血）、脖項酸麻、脊背疼痛諸病。

【應用】

練習貼身背靠及刀術之纏頭、拳術中之進身鑽打等。（圖1-198～圖1-200）

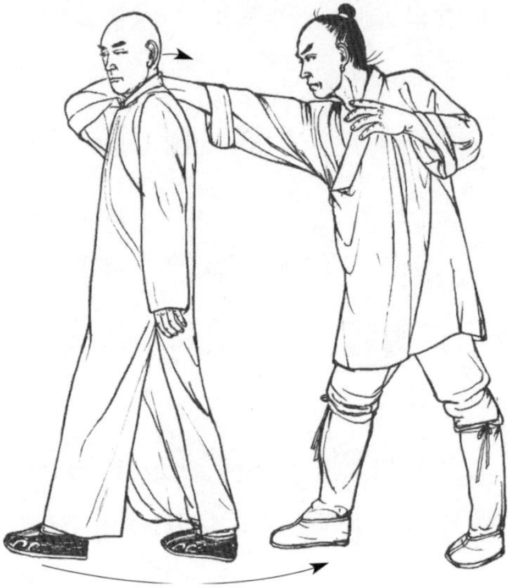

圖1-198

圖1-199

圖1-200

第八勢　掌膝起落勢

一名「三盤落地勢」。（圖1-201）

取肩、肘、膝三部均圓滿如環之意。

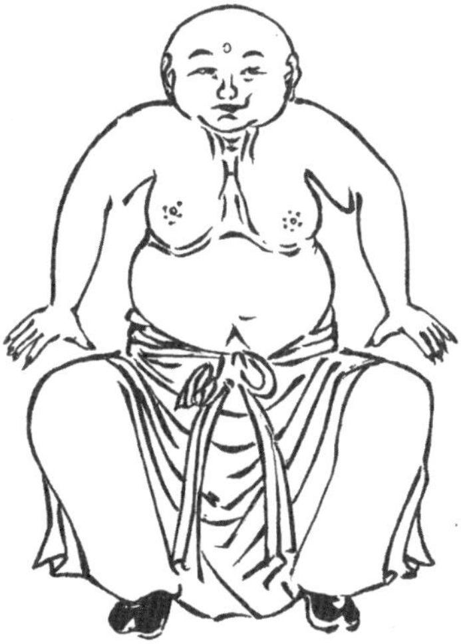

圖1-201　三盤落地勢

【原文】

上顎堅撐舌，張眸意注牙。

足開蹲似鋸，手按猛如拿。

兩掌翻齊起，千觔重有加。

瞪睛兼閉口，起立足無斜。

【解曰】

兩腿下蹲，足尖落地，作騎乘勢之八字樁，兩臂垂張，如鳥之兩翼，手掌分按兩膝上（掌心約離膝三四寸）。

復挺身起立，屈臂用力，翻轉兩掌上托（掌心向上），掌鋒貼至兩肋下（屈肘尖向後）。足尖勿動，閉口舌抵上齶。目向前平視。

本此義編做法二節如後。

第一節

二動：

（一）開步屈肘；（二）屈膝下按。

(一)開步屈肘

由立正勢，左足向左踏出一步，兩足尖外撇，成八字形。同時，兩臂屈於兩肋旁，兩手作掌，掌心向上。（圖1-202、圖1-203）

圖1-202

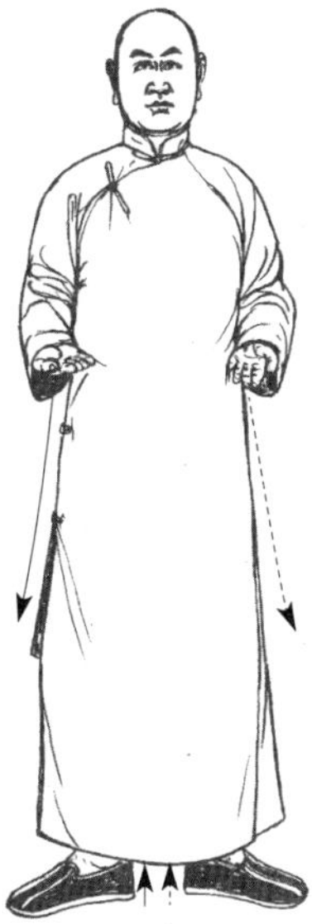

圖1-203

(二)屈膝下按

兩踵提起，兩膝半屈。同時，兩臂下伸伸直，手腕下轉，掌心向下，十指伸直，做屈膝下按勢。眼平視前方。（圖1-204）

圖1-204

(三)開步屈肘

兩膝伸直，兩踵落地（習熟後不落），兩臂屈回，還原開步屈肘勢。（圖 1-205）

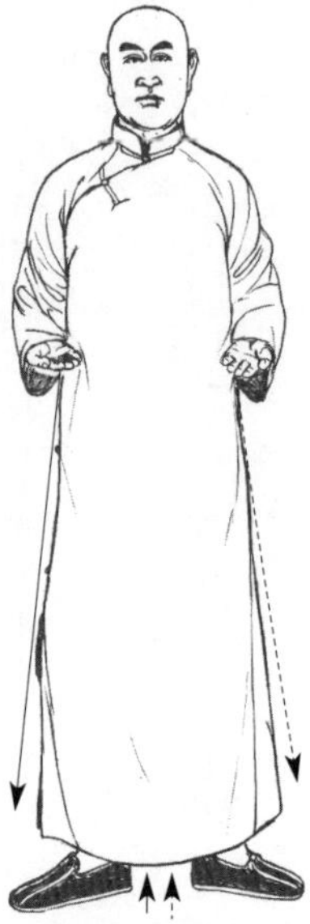

圖 1-205

(四)舉踵屈膝下按

再舉踵、屈膝、下按，如此反覆行之。（圖 1-206）

(五)開步屈肘

兩膝伸直，兩踵落地，兩臂屈回，還原開步屈肘。（圖 1-207）

圖 1-206

圖 1-207

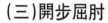

(六)立 正

兩足靠攏，兩臂放下，還原立正勢。（圖208）

第 二 節

四動：

（一）開步屈肘；

（二）兩膝深屈、兩臂下伸；

（三）兩臂上舉、體向後屈；

（四）兩臂放下、還原立正。

(一)開步屈肘

開步屈肘，與本勢第一節(一)動同。(圖1-209)

(二)兩膝深屈、兩臂下伸

兩踵舉起，兩膝深屈，同時，舒展兩臂，由兩肋旁經小

圖1-208

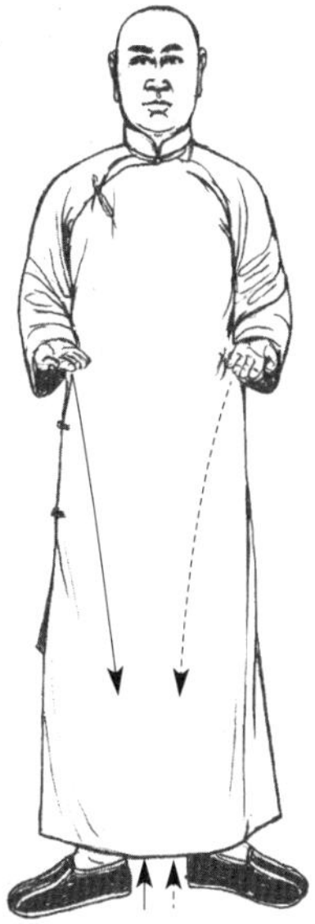

圖1-209

圖1-210

圖1-211

腹、腿襠前，坐身，兩臂向下伸直，手腕下轉，掌心向內，上體仍直立勿動。眼平視。（圖1- 210）

(三)兩臂上舉、體向後屈

兩臂向上高舉，俟舉上時，上體微向後屈，同時，兩手折腕向後。此時兩膝仍屈，兩臂仍舉勿落。（圖1-211）

(四)兩臂放下、還原立正

兩臂由左右下落，上體還原直立，兩腿伸直，兩

圖1-212

圖1-213

踵落地；左足收攏，還原立正勢。（圖1-212、圖1-213）

如此反覆練之。

【教練口令】

第一節：掌膝起落，數一、二。

第二節：兩臂下伸上舉，數一、二、三、四。

【運動部分】

1. 此勢為全身運動。

2. 屈肘時，為肘關節之運動，主動筋肉為小圓筋、棘下筋、三角筋等。

3. 兩手下按，主動筋肉為小肘筋、三頭膊筋。

4. 兩臂上舉，為肩胛關節及肩胛帶之運動，主動筋肉為二頭膊筋、棘上筋、三角筋、大胸筋。

5. 上體後屈，為脊柱後屈，主動筋肉為薦骨脊柱筋、橫棘筋等。

6. 屈膝時，為膝關節運動，主動筋肉為半腱樣筋、二頭股筋、薄骨筋、縫匠筋。

7. 膝伸直時，為四頭股筋、廣筋膜張筋。足踵起落，為腓腸筋、比目魚筋、屈蹠筋、長腓骨筋、後屈骨筋、長屈趾筋、短腓骨筋。

【注意及矯正】

1. 第一節做法，身之起落，以兩掌翻落為牽動，以雙膝屈伸為樞紐，向上時頭頂虛懸，領其全身。

下蹲時，尾閭下降，使氣沉丹田，足踵則始終提起（趾尖著地），慎勿游移牽動。上體雙手隨身起而上翻，降而下按，掌心務極用力（全身重力寄於掌心），貫注與呼吸相應（即起時吸氣，降時呼氣）。

上提時，全脊椎骨直豎；下降時胸骨內含，首項勿向前突出。

2. 第二節做法，身體後仰時，兩腿宜仍蹲踞，庶免重心移出身外，致仰倒也。

【治療】

治兩足無力、胸膈不舒、氣不下降諸疾。

【應用】

久練此勢，可使人身輕健，下肢筋肉發達，以強健脛骨，且增足、膝、腰、脊各部之力。練田徑賽之跳高跳遠者，尤必習之。

第一節練習拳術中上托下按力。第二節做法，後仰時可發展胸肋筋肉；下蹲時，並練習太極拳中海底針下蹲之力。（圖1-214～圖1-216）

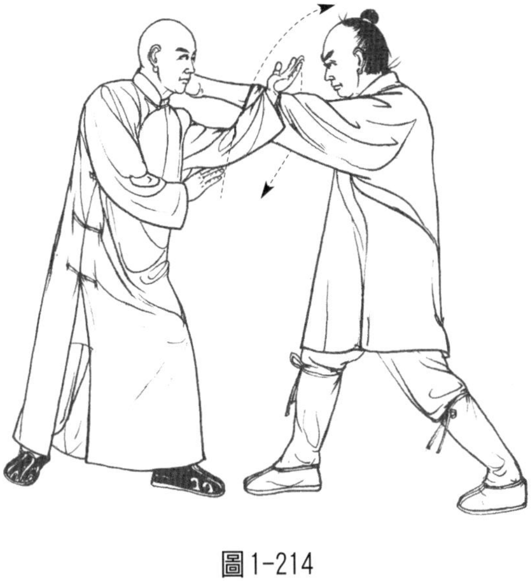

圖1-214

圖1-215

圖1-216

第九勢　左右推掌勢

一名「青龍探爪」。（圖1-217）

【原文】

青龍探爪，左從右出。
修士效之，掌平氣實。
力周肩背，圍收過膝。
兩目注平，息調心謐。

【解曰】

此亦為直立勢，係以右臂前伸，右手作掌，由右腋下圈轉向左伸出，掌心平向前推，運肩背力送之。

右臂下落收回，須經過雙膝之前，再以左臂向右伸出，掌心平向前推，肩背力送之。

然後左臂下落，須經過雙膝之前，兩目平視，呼吸調勻，心自安寧。

本此義編做法二節如後。

圖1-217　青龍探爪勢

第一節

四動：

（一）立正抱肘；（二）右掌左推；

（三）還原抱肘；（四）左掌右推。

(一)立正抱肘

由立正勢，兩臂上屈，做抱肘勢，與第五勢第(一)動同。（圖1-218、圖1-219）

圖1-218

圖1-219

(二)右掌左推

上體與頭略向左轉，右臂向左伸，右拳變掌，向左推出，手指向上，掌心向外，高與眉齊；左臂仍屈肘勿動。目視右掌，下肢勿動。（圖1-220）

(三)還原抱肘

左臂屈回，還原抱肘，上體與頭亦復原狀。（圖1-221）

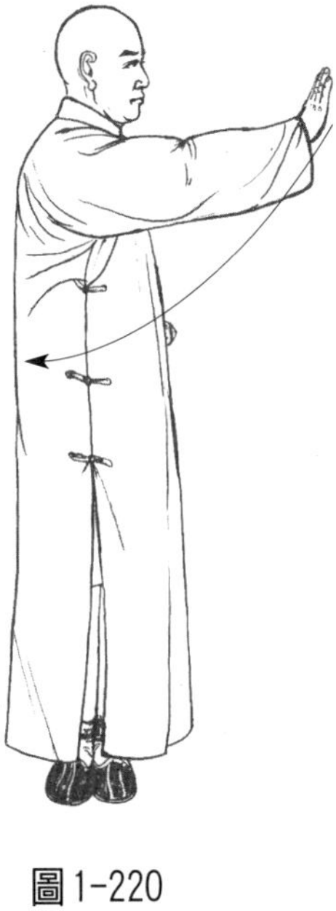

圖1-220

圖1-221

(四)左掌右推

上體與頭略向右轉，左拳變掌，向右推出，手指向上，掌心向外，高與眉齊；右臂仍屈肘勿動。目視左掌，下肢勿動。（圖1-222）

如此反覆行之。

還原，自本節數至(四)時，左臂屈回，還原抱肘。兩臂放下，還原立正。（圖1-223、圖1-224）

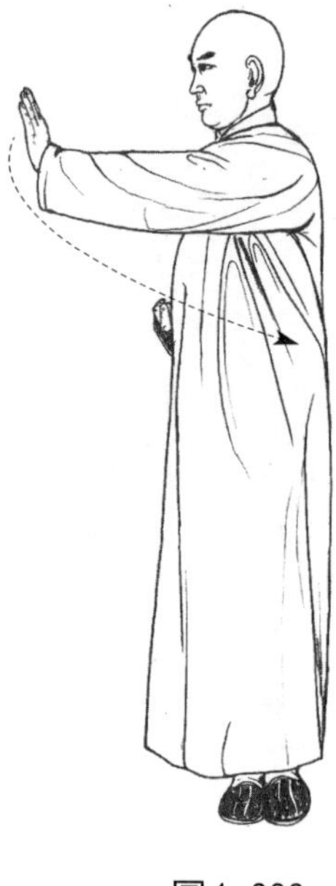

圖1-222

圖1-223

圖1-224

第二節

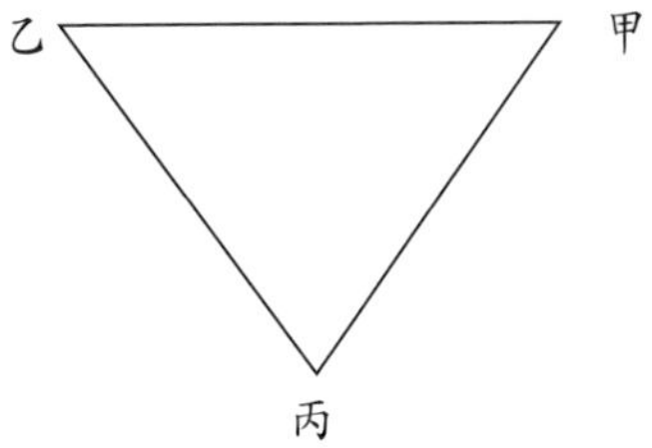

圖1-225

二動：

（一）開步穿手；

（二）進步放掌。

此勢所行之步，為三角形。設底邊一角為甲，一角為乙，兩頂角為丙。（圖1-225）

(一)開步穿手

由立正勢，左足側出一步（兩足距離與肩平）。所站之地，設為甲角，則右足之所站地為乙角。同時左臂自下向上平舉，左手化掌，掌心向右；右臂亦舉起，屈肘舉至左臂旁，右手掌心向內，與左肘接近，手指向上。（圖1-226～圖1-228）

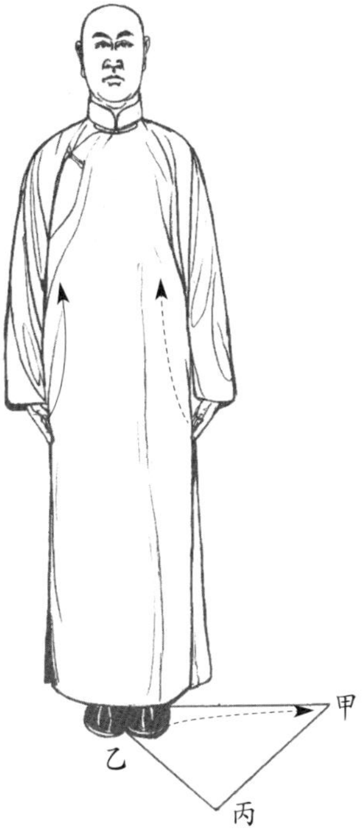

圖1-226

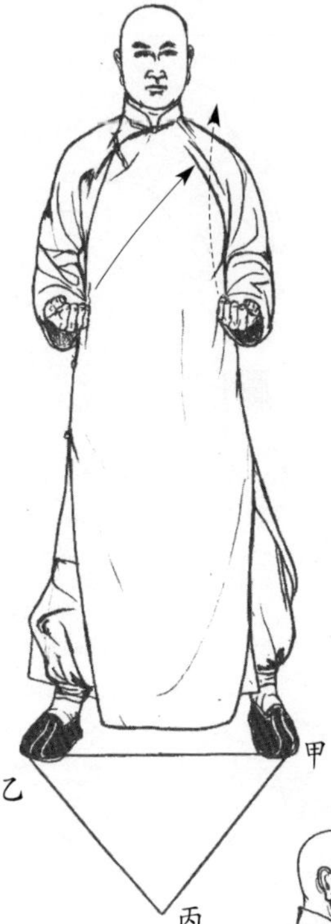

圖1-227

圖1-228

圖1-228附

(二)進步放掌

右腿向前移動一步，所站之地，為頂角丙，兩膝屈作丁虛步樁；同時，右臂順左臂向前穿出伸直，手腕外轉向前推，掌心吐力；但左臂不動，僅可順右肘之勢下沉，萬不可抽回。兩臂垂肩墜肘，立掌坐腕開虎口，兩手食指約對鼻準，兩掌心相印，若抱物然。（圖 1-229）

圖 1-229

圖 1-229附

(三)開步穿掌

右足後退一步，仍退至原所站之地（乙角），兩腿伸直。同時，右臂不動，左臂屈肘，移於右臂旁，左手掌心向內，與右肘接近，手指向上。(圖 1-230)

圖 1-230

圖 1-230附

(四)進步放掌

左腿前進一步，所站之地，為頂角丙，兩膝屈作丁虛步樁；同時，左臂順右臂向前穿出一直，手腕外

圖 1-231

圖 1-231 附

轉向前推，掌心吐力；但右臂不動，僅可順左肘之勢下沉，萬不可抽回。兩臂墜肩垂肘，立掌坐腕開虎口，兩手食指約對鼻準，兩掌心相印，若抱物然。（圖 1-231）

練至此勢(四)時，兩臂放下，左足靠攏，還原立正。（圖 1-232）

圖 1-232

【教練口令】

第一節：左右推掌，數一、二、三、四。

第二節：換掌，數一、二、三、四。

【運動部分】

1. 此勢為頭、腰、上肢、下肢等運動。

2. 頭向左右轉時，為頭關節之運動，主動筋肉為後大直頭筋、頭半棘筋、頭長筋、頭夾板筋、下斜頭筋、胸鎖乳頭筋等。

3. 上體左右轉時，脊柱迴旋也，為腰部筋肉之運動，主動筋肉為斷裂筋、旋背筋；其他腹左筋，亦交互運動。其上肢下肢運動筋肉，均與前同。

【注意及矯正】

1. 頭與上體左右轉時，及左右手推出，仍宜挺直勿動。兩臂推出，宜與肩平，掌心吐力。

2. 做第二節換掌，宜鬆肩垂肘。

【治療】

可以矯正上肢、下肢不靈活諸弊。

【應用】

可以練習太極拳中如封似閉（圖 1-233～圖 1-235）

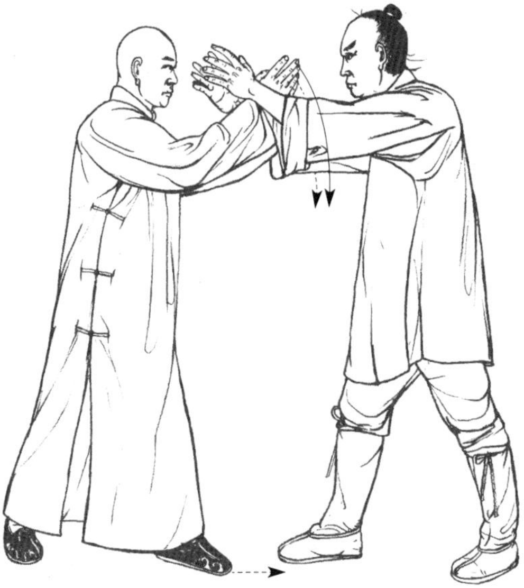

圖 1-233

圖 1-234

圖1-235

八卦掌中單換掌。（圖1-236、圖1-237）

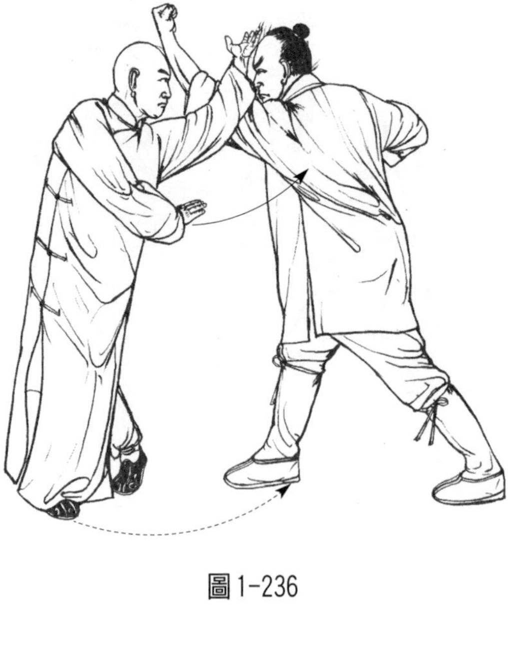

圖1-236

圖1-237

岳氏連拳中之雙推手。（圖1-238、圖1-239）

圖1-238

圖1-239

第十勢　撲地伸腰勢

一名「餓虎撲食勢」。（圖1-240）

【原文】

兩足分蹲身似傾，伸屈左右腿相更。

昂頭胸作探前勢，偃背腰還似砥平。

鼻息調元均出入，指尖著地賴支撐。

降龍伏虎神仙事，學得真形也衛生。

【解曰】

本勢係由立正勢，右足前進一上步，屈膝作右弓箭步樁，同時上體向前屈，以兩手五指著地，兩臂伸直，頭向上抬起，眼平視。

然後，右足向後撤，與左足相併，兩膝伸直，足

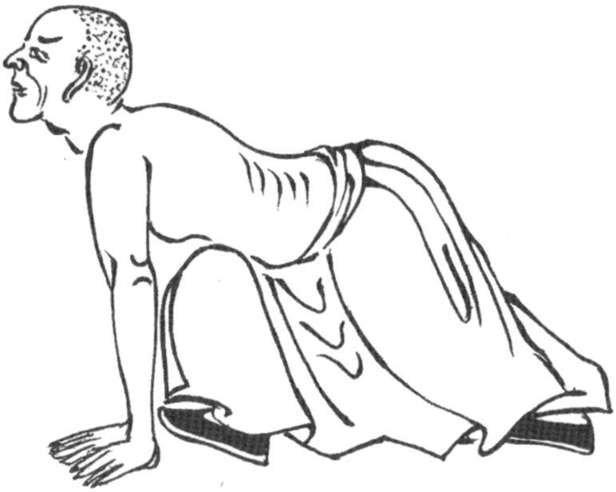

圖1-240　餓虎撲食勢

尖著地，閉口舌抵上齶，呼吸由鼻孔出入。

本此義編做法四節如後。

第一節

五動：

（一）立正抱肘；（二）進步前推；

（三）兩手伏地；（四）立身提手；

（五）還原立正。

(一)立正抱肘

立正抱肘，與第五勢第一節(一)動同。（圖1-241、圖1-242）

圖1-241

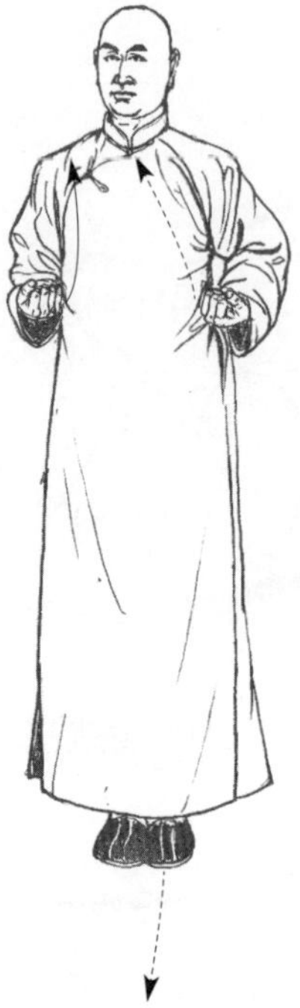

圖1-242

圖1-243

(二)進步前推

進步前推，與第五勢第二節(二)動同。（圖1-243）

(三)兩手伏地

上體向前屈，兩臂亦隨之下伸，以兩手掌伏地為止。兩臂伸直，頭抬起，眼平視。（圖1-244）

圖1-244

圖1-245

圖1-245附

(四)立身提手

右腿屈膝，左腿繃直，變成丁字步樁。同時，上體徐徐直立，兩掌亦隨之提起，而垂於小腹前，手腕外轉，手心向前，握拳如提物然。（圖1-245）

(五)還原立正

右腿伸直，左腿收回靠攏，兩手亦垂直腿旁，還原立正勢。（圖1-246）

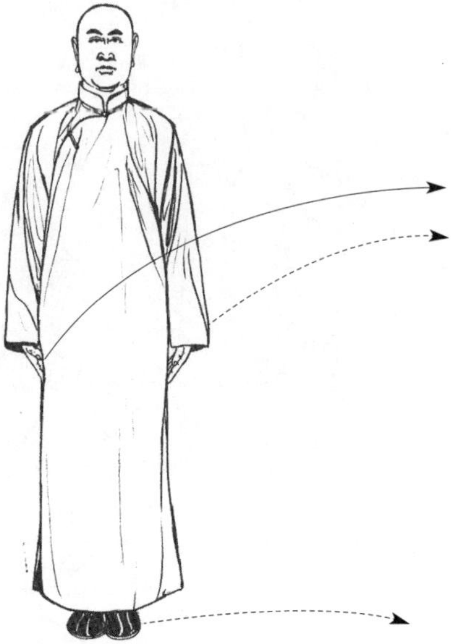

圖 1-246

第 二 節

五動：

（一）進步前舉；（二）兩手伏地；

（三）右腿高舉；（四）還原前舉；

（五）還原立正。

(一)進步前舉

由立正勢，左腿前進一步，屈膝作左弓箭步。同時，兩臂向前平舉與肩平，兩手手掌掌心相對，指尖向前。眼平視。（圖 1-247）

圖1-247

(二)兩手伏地

上體向前屈，兩臂亦隨之下落，以兩手手指著地，頭略抬起。（圖1-248）

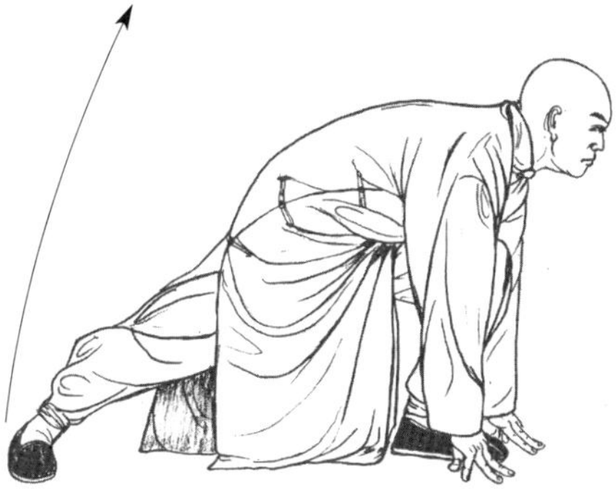

圖1-248

(三)右腿高舉

右腿向上高舉（量力而行），足面繃直；餘勢仍舊。（圖1-249）

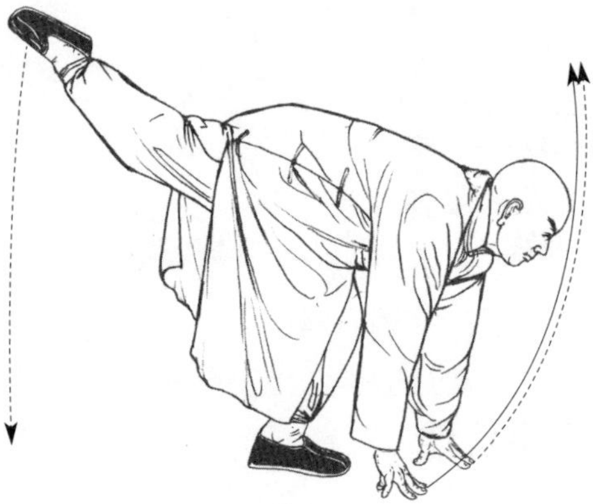

圖1-249

(四)還原前舉

右腿落地，上體徐徐直立，兩臂亦隨之舉起，還原進步前舉勢。（圖1-250）

(五)還原立正

兩臂放下，左腿收回，還原立正。（圖1-251）

圖1-250

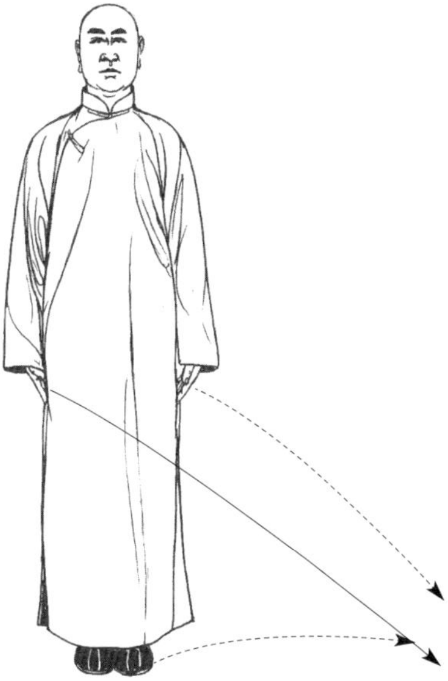

圖1-251

第三節

六動：

（一）進步伏地；（二）左腿後撤；

（三）身向前伸；（四）身向後撤；

（五）左腿屈回；（六）還原立正。

(一)進步伏地

由立正勢，左腿前進一步，屈膝作左弓箭步。同時，兩臂下伸，兩手掌心伏地，與本勢第二節(二)動同。（圖1-252）

圖1-252

(二)左腿後撤

左足後撤，與右足併齊，兩腿伸直；兩臂用力挺

直。（圖1-253）

(三)身向前伸

上體徐徐向後撤，兩臂屈；上體再向後撤，兩臂屈。上體再向前伸，兩臂亦隨之伸直。（圖1-254）

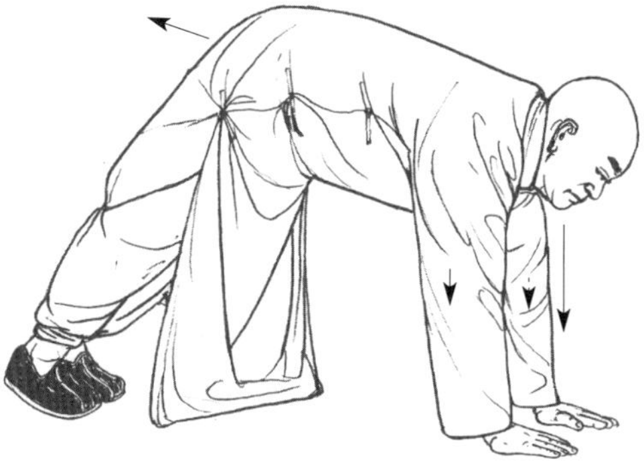

圖1-253

圖1-254

(四)身向後撤

兩臂屈。上體徐徐向後撤，臂又隨之伸直。（圖1-255）

(五)左腿屈回

左腿屈回，仍作左弓箭步，與本節(一)動同。（圖1-256）

圖1-255

圖1-256

(六)還原立正

上體直立，左腿收回，與右腿併齊，還原立正勢。（圖1-257）

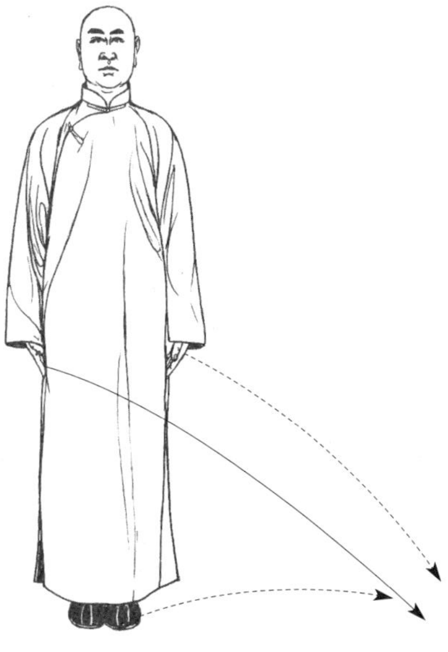

圖1-257

第 四 節

六動：

（一）進步伏地；（二）左腿後撤；

（三）兩臂下屈；（四）兩臂挺直；

（五）左腿屈回；（六）還原立正。

(一)進步伏地

進步伏地，與本勢第三節(一)動同。(圖1-258)

(二)左腿後撤

左腿後撤，與本勢第三節(二)動同。(圖1-259)

圖1-258

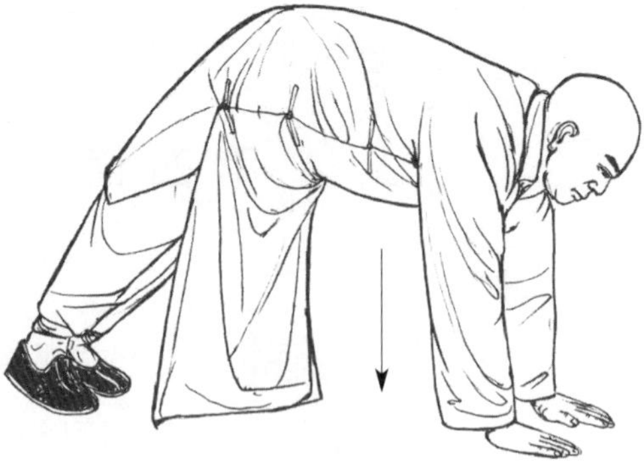

圖1-259

(三)兩臂下屈

兩臂再徐徐下屈。(圖1-260)

(四)兩臂挺直

兩臂再徐徐伸直。(圖1-261)

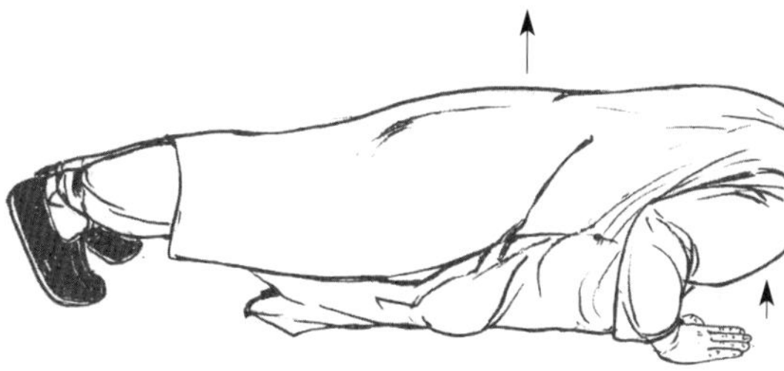

圖1-260

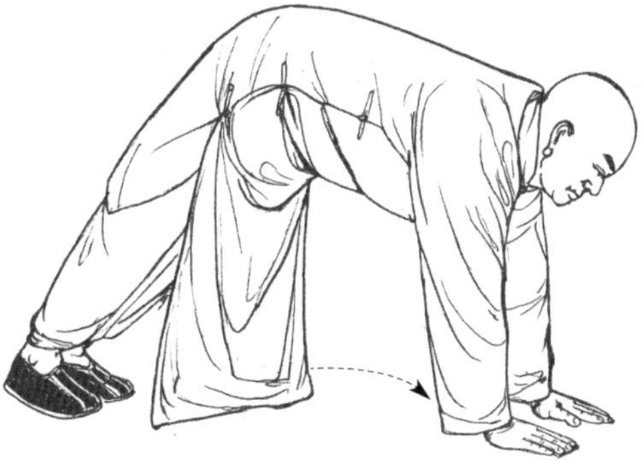

圖1-261

(五)左腿屈回

左腿屈回（見上節）。（圖1-262）

圖1-262

(六)還原立正

還原立正（見上節）。（圖1-263）

圖1-263

【教練口令】

第一節：撲地提手，數一、二、三、四、五。

第二節：撲地舉腿，數一、二、三、四、五。

第三節：撲地伸腰，數一、二、三、四、五、六。

第四節：撲地屈臂，數一、二、三、四、五、六。

【運動部分】

1. 此勢為全身運動，屈臂為肘關節之屈曲，主動筋肉為二頭膊筋、內膊筋。

2. 上體前屈，脊柱前屈也，主動筋肉為大腰筋、小腰筋、直腹筋、及他筋肉。

3. 屈膝，為膝關節之運動，主動筋肉為腸腰筋、直股筋、縫匠筋。

4. 腿向上舉，為髀臼關節之前後軸運動，主動筋肉為中臀筋、小臀筋、張股鞘筋等。

【注意及矯正】

1. 兩臂前舉或前推時，宜伸直與肩平。

2. 做弓箭步時，踏出之腿，盡力前屈膝，但不可過足尖，後腿盡力伸直，足踵不可離地。

3. 腿向上高舉，宜量力而行，足面宜繃直。

【治療】

可以調治腿、臂屈伸力量之不足。

【應用】

可以增長腿、臂屈伸之力量。（圖 1-264、圖 1-265）

圖1-264

圖1-265

第十一勢　抱首鞠躬勢

一名「打躬勢」。（圖1-266）

【原文】

兩手齊持腦，垂腰至膝間。
頭唯探胯下，口更齧牙關。
掩耳聰教塞，調元氣自閑。
舌尖還抵齶，力在肘雙彎。

【解曰】

本勢由直立勢，兩臂回屈手抱頭後，兩掌掩耳（為便利起見，可用十指交叉，頭後抱頭），肘用力後張，上體徐徐前下屈至膝前。

然後徐徐起立；閉口舌抵上顎，氣沉丹田，使呼吸有節，氣自鼻孔出入。

本此義編做法一節如後。

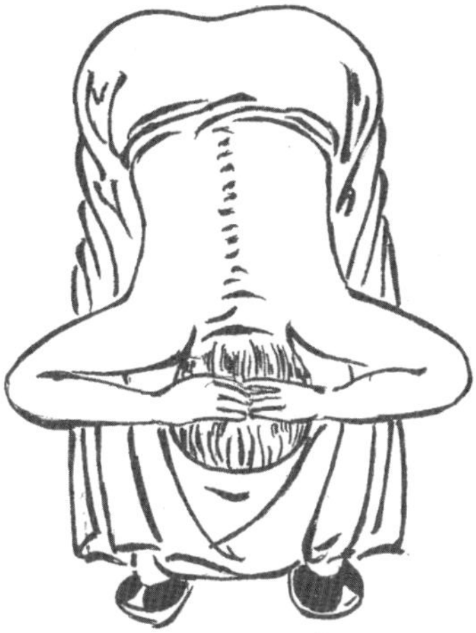

圖1-266　打躬勢

第一節

四動：

（一）兩手附頸；（二）上體前屈；

（三）上體還原；（四）兩手放下。

(一)兩手附頸

由立正勢，兩臂上屈於肩上，兩手十指相組，附於頸後。眼平視。（圖1-267、圖1-268）

圖1-267

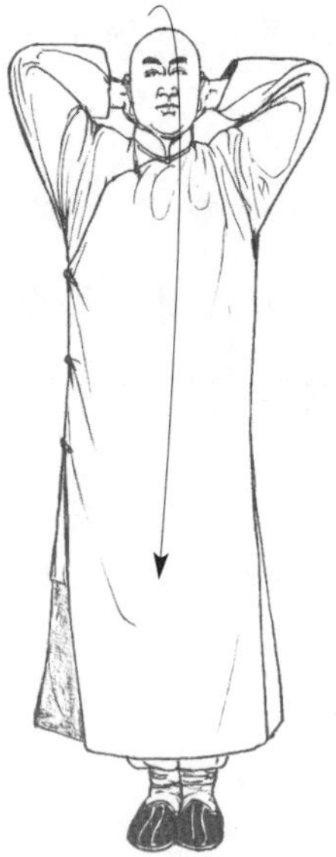

圖1-268

(二)上體前屈

上體徐徐前深屈，至胸部接近腿部為止，頭略抬，兩腿仍挺直勿屈。（圖1-269）

(三)上體還原

上體徐徐直立，還原(一)之動作。（圖1-270）

(四)兩手放下

兩手放下，還原立正勢。（圖1-271）

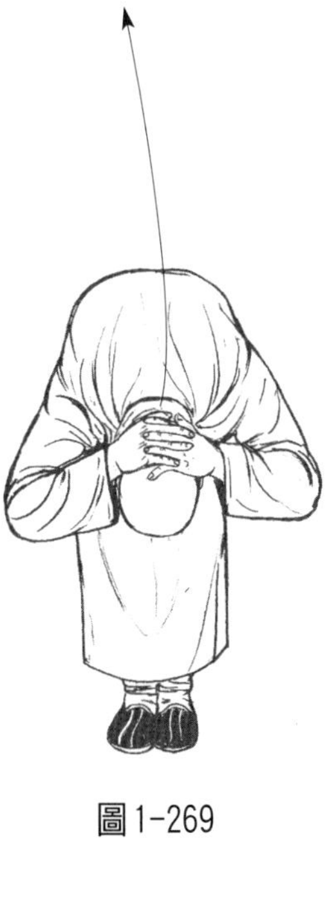

圖1-269

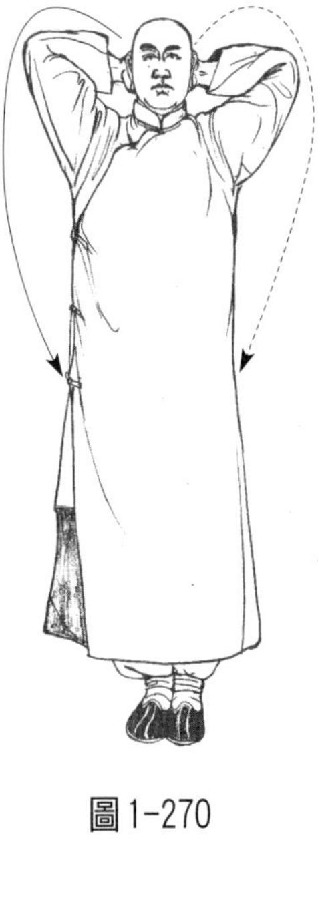

圖1-270

圖1-271

【教練口令】

打躬，數一、二、三、四。

【運動部分】

1. 此勢為腰部及肩肘關節之運動。兩手附頸，為上臂側面平舉、前臂屈曲前回及手腕關節內轉也，主動筋肉為三角筋、棘上筋、小圓筋、棘下筋、回前方筋、回前圓筋、外尺骨筋、內尺骨筋。

2. 上體前屈，即脊柱前屈也，腰椎部所屈最多，主動筋肉為小腰筋、腹直筋、腸腰等。

【注意及矯正】

練習此勢時，所最宜注意者，即上體前屈時，頭宜略為抬起，否則，難免腦充血之病。膝蓋亦挺直勿屈；手附頭時，兩肘宜極力向後張，為擴張胸部起見，否則，胸部受壓迫，於生理大受阻礙。

【治療】

可治腰腎諸疾。

【應用】

能使腰部靈活，臂部、腿部筋肉伸長。（圖1-272～圖1-274）

圖 1-272

圖 1-273

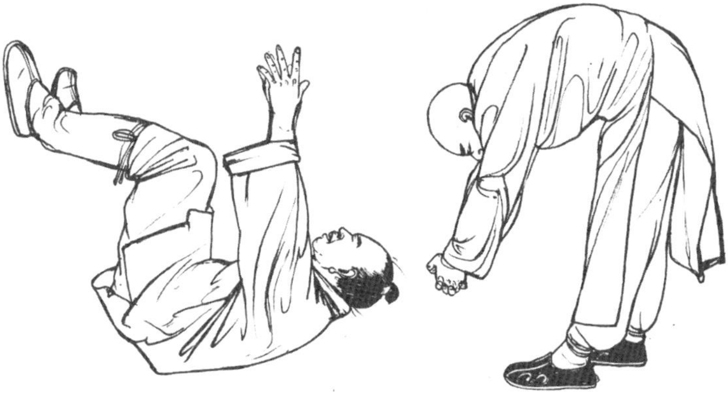
圖 1-274

第十二勢　伸臂下推勢

一名「掉尾勢」。又名「搬僧勢」。(圖1-275)

【原文】

膝直膀伸，推於至地。
瞪目昂頭，凝神一志。
起而頓足，二十一次。
左右伸肱，以七為至。
更作坐功，盤膝垂視。
目注於心，息調於鼻。
定靜乃起，厥功唯備。

【解曰】

本勢由直立勢，兩臂左右高舉，手指相組，掌心上翻，上體徐徐向前、左、右深屈，伸臂下推，以兩手掌著地為止，頭略抬起，然後徐徐起立。如此反覆行之，呼吸調勻，心定氣靜。此勢為十二勢之終。

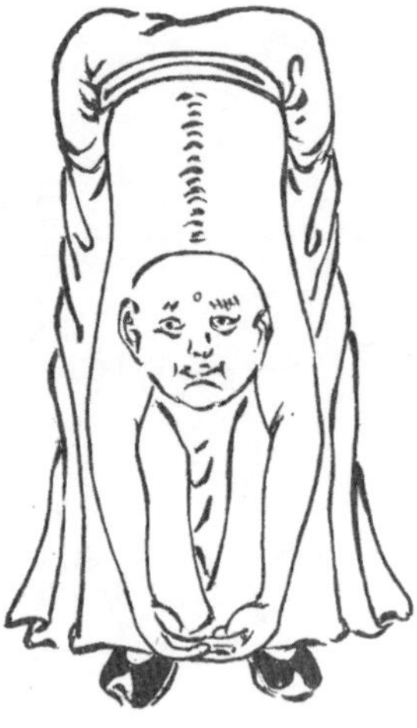

圖1-275　掉尾勢

各勢連續練習畢，為時已

久，腿部已勞倦，故安頓以休息之。

伸肱者，伸臂也，左右伸舒，以平均其力也。

靜坐方法，與怡養精神頗有關係，運動後能靜片時，以定心志，兼事呼吸，以調和周身血脈，久之則智慧生，身體健，有不期然而然者矣。

第一節

四動：

（一）兩臂高舉；（二）上體前屈；

（三）上體直立；（四）兩臂放下。

(一)兩臂高舉

由立正勢，兩臂由左右向上高舉，兩手十指相組，兩掌心翻向上。（圖1-276、圖1-277）

(二)上體前屈

兩膝弗屈；上體徐徐向下深屈，兩臂亦隨之下落，以兩掌心著地為止；頭略抬起。（圖1-278）

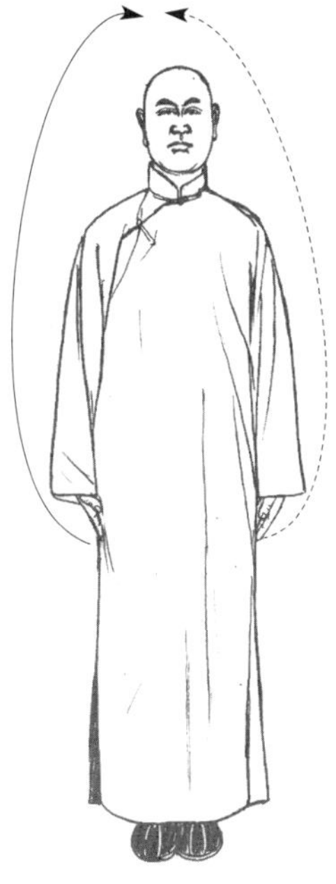

圖1-276

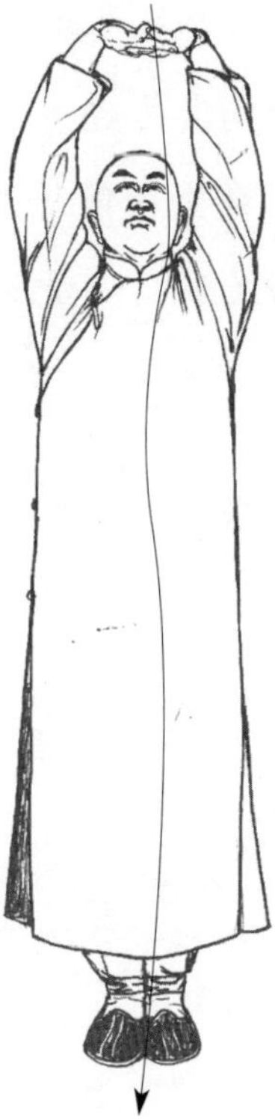

圖1-277

圖1-278

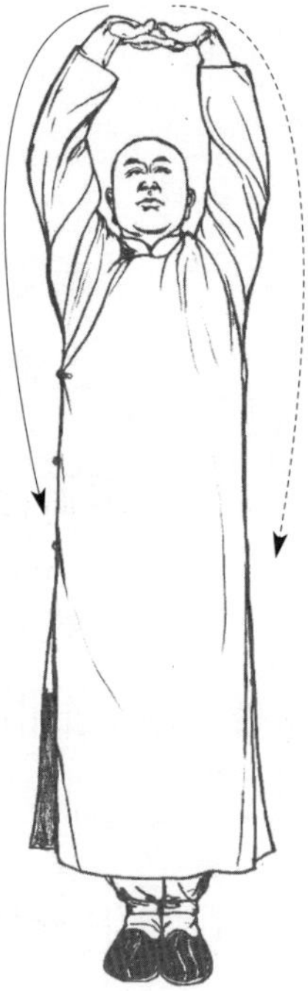

圖1-279

(三)上體直立

上體徐徐直起，兩臂亦隨之舉起，還原(一)之姿勢。(圖1-279)

(四)兩臂放下

兩臂放下，還原立正勢。（圖1-280）

圖1-280

第二節

六動：

（一）兩臂上舉；

（二）上體左轉；

（三）上體直立；

（四）上體右屈；

（五）上體直立；

（六）兩臂放下。

(一)兩臂上舉

兩臂高舉，十指相組，掌心上翻。（圖1-281）

(二)上體左轉

兩膝勿屈；上體向左轉，徐徐向下深屈，兩臂亦隨之下落，至掌心著地為止；頭略抬起。（圖1-282、圖1-283）

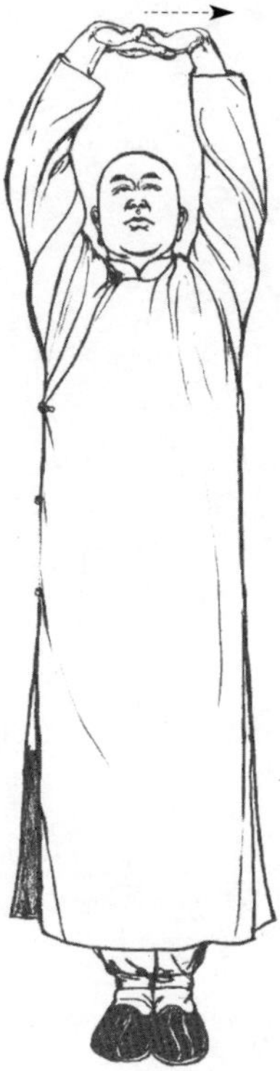

圖1-281

圖1-282

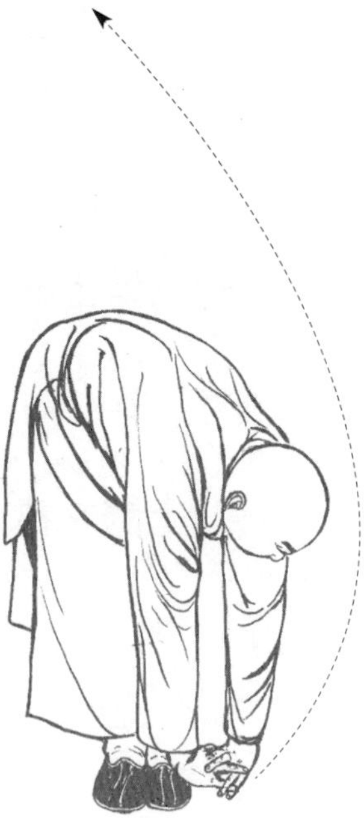

圖1-283

(三)上體直立

上體徐徐直立，兩臂隨之舉起，還原(一)之姿勢。（圖1-284）

(四)上體右屈

兩膝勿屈；上體向右轉，徐徐向下深屈，兩臂亦隨之落下，至掌心著地止。（圖1-285、圖1-286）

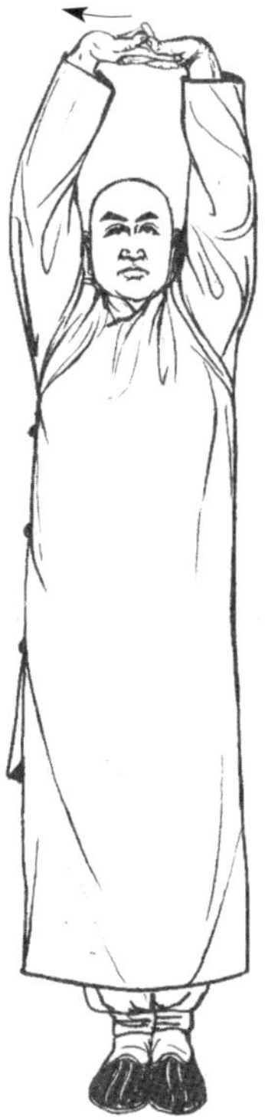

圖1-284

圖1-285

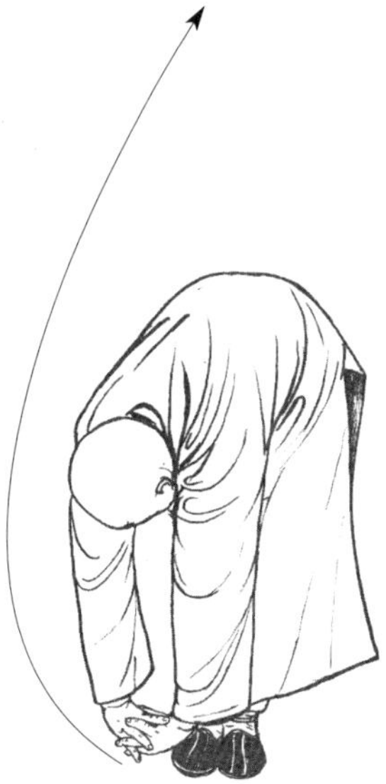

圖1-286

(五)上體直立

上體徐徐直立，兩臂隨之舉起，還原(一)之姿勢。（圖1-287）

(六)兩臂放下

兩臂放下，還原立正勢。（圖1-288）

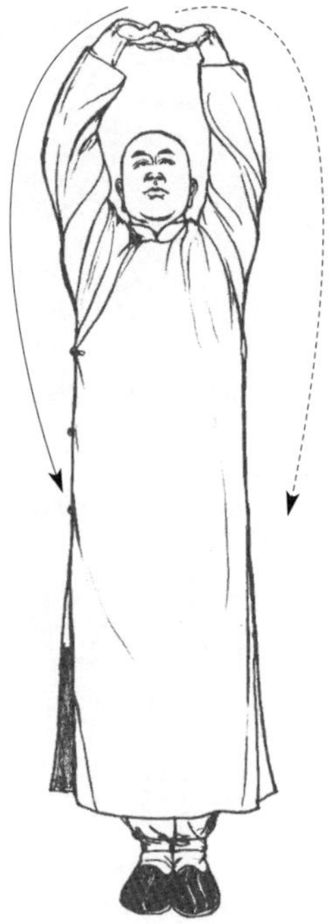

圖1-287

圖1-288

【教練口令】

第一節：伸臂下推，數一、二、三、四。

第二節：左右伸臂下推，數一、二、三、四、五、六。

【運動部分】

1. 此勢為腰部運動。兩臂高舉時，為肩胛關節及肩胛之運動也。主動筋肉為前大鋸筋、僧帽筋、三角筋、棘上筋等。

2. 上體前屈，即脊柱前屈也，腰椎部所屈最多，主動筋肉為小腰筋、直腹筋、腸腰筋。

3. 上體向左右屈時，為脊柱側屈，兩旁筋肉交互動作，主動筋肉為薦骨脊柱筋、橫棘筋、方形腰筋、外斜筋等。

【注意及矯正】

1. 兩臂由左右舉起時，臂宜挺直用力；至頭上時，即將兩手十指相組，各以指間抵住手背，兩大臂在兩耳之旁，兩掌上翻，掌心宜吐力。

2. 上體向前、左、右屈時，兩腿宜挺直勿屈。頭宜抬起，以免腦充血。兩臂下落，以著地為宜；但初學時不易，日久即成。

【治療】

可治腰部諸病。

【應用】

能使腰部靈活，臂部、腿部筋肉伸長。（圖1- 289～圖1-291）

圖1-289

圖1-290

圖1-291

第二章
少林達摩易筋經十二勢圖譜

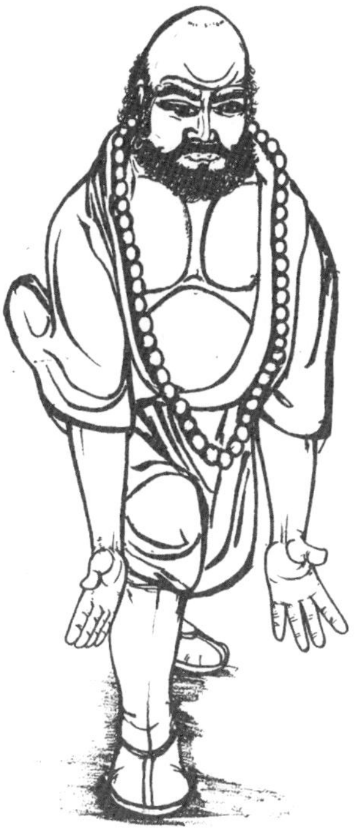

達摩易筋經十二勢圖譜

第一勢　韋馱獻杵第一勢

【口訣】

立身期正直，環拱手當胸。

氣定神皆斂，心澄貌亦恭。

如圖2–1～圖2–4所示。

（一）由預備勢（併步立正，兩掌垂放腿側，呼吸自然），兩腳開步，寬約同肩；兩掌緩緩向上提起、向外伸開，至與肩平，掌心向前，掌尖向外；緩緩吸氣（由此吸開始，呼吸隨動，深長徐緩，均勻自然；不要執著。此為易筋經氣法要訣）。

圖2–1

（二）兩掌緩緩向前直臂合攏，掌心相對，兩掌對肩，掌尖向前。隨即，兩掌緩緩坐腕、裹收，掌尖向上，兩肘稍屈下沉（所有動速以緩為宜；熟練之後，每動定勢可停，以增強功力，時間自定，循序漸進。此為易筋經靜練秘訣）。

圖2-2

（三）兩掌後收，肘臂抬平，大拇指各按胸前兩側，掌心向下。

圖2-3

（四）兩掌向外、向下、向裏，抱貼臍前，兩掌尖向裏，右掌心向上，左掌心貼右掌背。

圖2-4

第二勢　韋馱獻杵第二勢

【口訣】

足趾拄地，兩手平開。

心平氣靜，目瞪口呆。

如圖2-5～圖2-8所示。

（一）兩掌向外伸開、向上提起，至與肩平，掌心向上，掌尖向外；同時，兩腳跟提起，儘量高抬為宜。

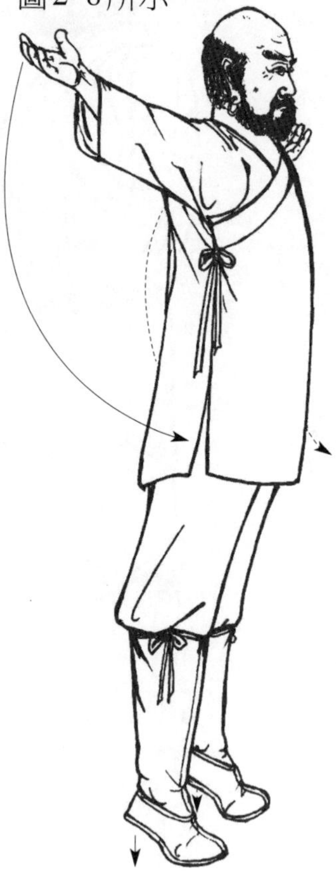

圖2-5

圖2-6

（二）兩掌下落，至兩腿外側，掌心向前，掌尖向下；同時，兩腳跟落地。

圖2-7

（三）兩掌向上、向前抬舉，至掌心斜對雙目。

（四）兩掌向外、向後、向裏繞轉，至耳下、肩上，掌心向上，掌尖向後。

圖2-8

第三勢　韋馱獻杵第三勢

【口訣】

掌托天門目上觀，
足尖著地立身端。
力周骽脅渾如植，
咬緊牙關不放寬。
舌可生津將齶抵，
鼻能調息覺心安。
兩拳緩緩收回處，
用力還將挾重看。

如圖2-9～圖2-11所示。

圖2-9

（一）兩掌上舉，至臂全伸，掌心向上，掌尖向後；同時，兩腳跟提起，盡力高抬。

（二）兩掌合攏，兩掌尖向裏，右掌心向上，左掌心托右掌背，兩掌合勢坐腕，盡力上托。

圖2-10

（三）兩掌向外、向下、向裏，抱貼臍前，兩掌尖向裏，右掌心向上，左掌心貼右掌背；同時，兩腳跟落地。

圖2-11

第四勢　摘星換斗勢

【口訣】

隻手擎天掌覆頭，更從掌內注雙眸。

鼻端吸氣頻調息，用力收回左右侔。

如圖2-12～圖2-19所示。

（一）身體左轉。右掌向左伸出，掌心向上，掌尖向左；同時，左掌緩緩向後以掌背貼於後腰，掌尖向右。

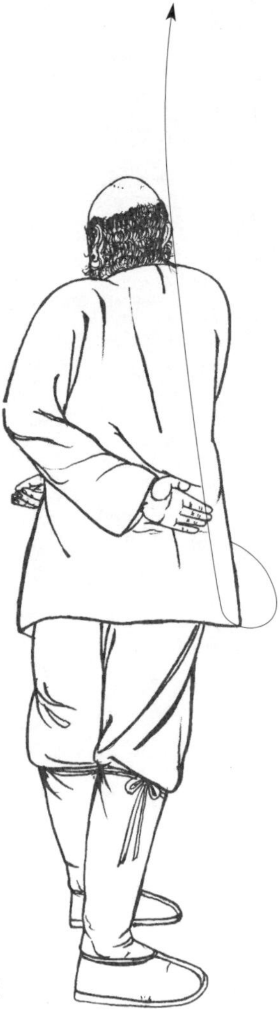

圖2-12

（二）身體右轉。右掌過身前向右、向裏、向上，高托過頂，掌心向上，掌尖向左。

圖2-13

（三）左掌由腰後上舉，左掌心去貼右掌背，兩掌合勢坐腕，盡力上托。

圖2-14

（四）兩掌向外、向下、向裏，落抱臍前，兩掌尖向裏，右掌心向上，左掌心貼右掌背。

圖2-15

（五）以上為右勢。下練左勢，與右勢相反。

圖 2-16

圖 2-17

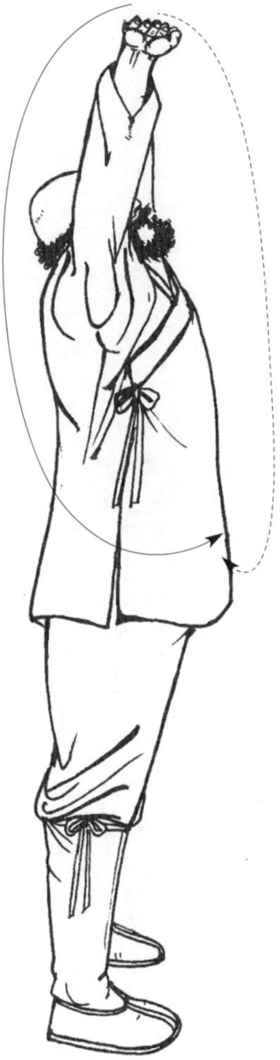

圖2-18

圖2-19

第五勢　倒拽九牛尾勢

【口訣】

兩骹後伸前屈，小腹運氣空鬆。

用力在於兩膀，觀拳須注雙瞳。

如圖2-20～圖2-30所示。

（一）兩掌向頂上托起，兩腕交叉，左掌在外，右掌在裏，掌心向上。

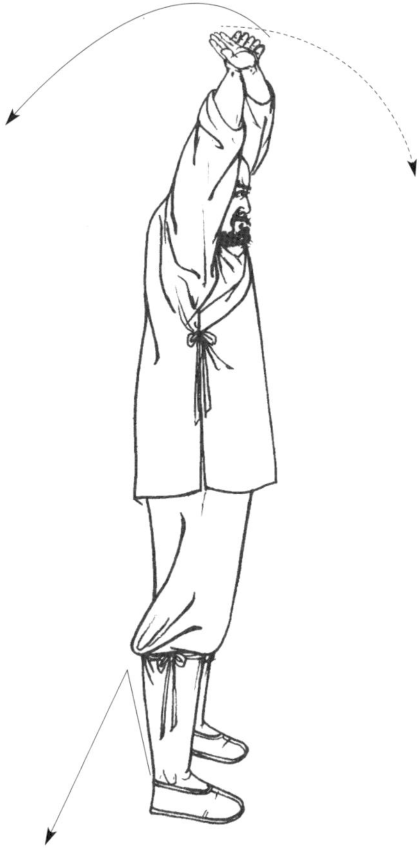

圖2-20

（二）身體右轉，右腳收提向右側上步，腳跟著地，腳尖翹起，左腿蹲屈如右虛步狀。同時，兩掌分展，肘臂平肩，掌尖向上，掌心向外。

圖2-21

（三）右腳掌落地，上身前擁，成右弓步。同時，兩掌向前下落合抱右膝前，掌心斜向前、略相對，掌尖向下。

圖2-22

圖2-23

（四）兩掌自右膝上方抱掌、屈指握拳向胸收抱，拳心對胸，兩腕相交，右上左下。同時，左腳稍微向後滑步。

（五）兩掌成虎爪，右爪爪心向前，伸臂向前平推；左爪向左後下反劃，至左臀上方，爪心向上，虎口向右；目平視前，頭儘量向前探。後爪要托起，前爪伸出去，如虎探食。此為右勢。

圖 2-24

（六）身向左轉、上身立起之際，兩掌交於身前，右上左下，兩掌棱相貼。

圖2-25

（七）左腳向右小腿內側收提，繼向左前方上一步，腳尖翹起，腳跟著地；同時，兩掌向外上分展，掌尖向上，掌心向外，臂與肩平。此為左勢開始，練法請參右勢。

圖2-26

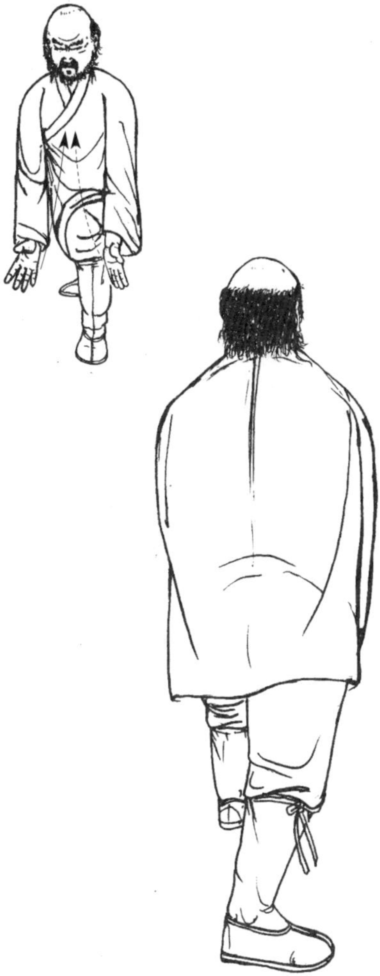

圖 2-27

圖 2-28

（八）上身起立，右腳內收，兩腳間距與肩同寬；同時，兩掌上舉至頭頂相交，即分開、下落，收抱臍前。

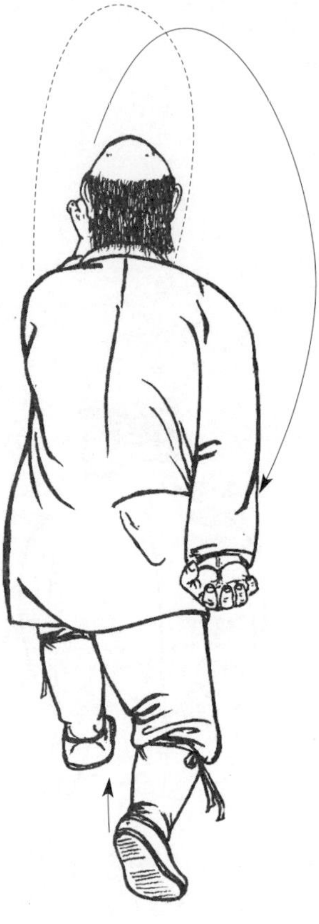

圖2-29

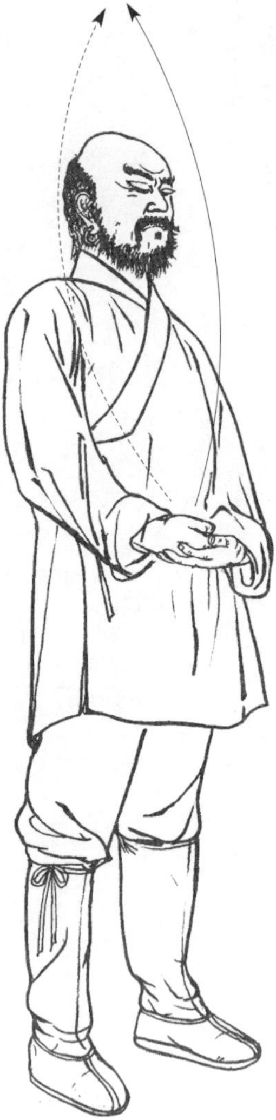

圖2-30

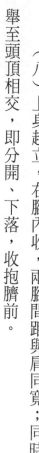

第六勢　出爪亮翅勢

【口訣】

挺身兼怒目，推手向當前。

用力收回處，功須七次全。

如圖2-31～圖2-36所示。

（一）兩掌自腹前翻掌，向外、向上、向裏托舉頂上，兩掌對肩，掌心向上，掌尖向後。

圖2-31

（二）兩掌向左右直臂分開、下落，掌心向外。

圖 2-32

（三）兩掌繼續向下、向上、向前直臂弧形收至身前對肩；隨即，屈肘後拉，豎腕，掌心向前。

圖 2-33

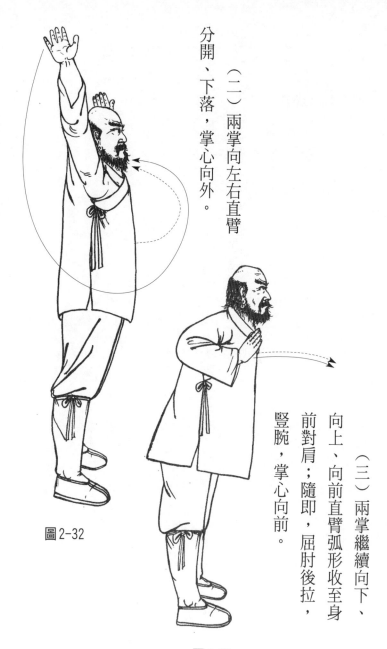

（四）伸腰前探，同時，兩掌向前推出，掌尖向上，直至兩臂伸直，胸約與地面平行，兩膝挺直。

圖2-34

（五）兩掌相合互拍，掌擊要響，掌尖向前。

圖2-35

（六）直身。兩掌上舉，至臂直時左右分展，下收至臍前。繼托掌至肩，上舉、分展、抱掌臍前。

圖2-36

第七勢　九鬼拔馬刀勢

【口訣】

側首彎肱，抱頂及頸。

自頭收回，弗嫌力猛。

左右相輪，身直氣靜。

如圖2-37～圖2-61所示。

（一）左掌掌背轉貼後腰，掌尖向右，虎口向上；右掌自腹前向右側下擺，繼向上、經胸前向左側繞弧，與面部同高時下劃至左腹，掌心向上。

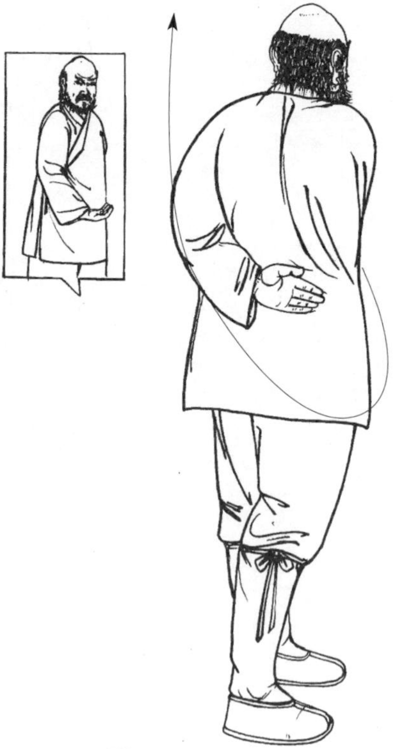

圖2-37

（三）右掌舉至一定程度，即移向頭左而下，五指彎曲扳住下巴左側。

圖2-39

（二）右掌繼續劃弧，經腹前向右側劃，至臂伸直，向右上斜舉。

圖2-38

（四）右掌帶動頭部向左側後轉動，至一定程度；兩目用力向左後瞪視。

圖2-40

（五）鬆開右掌，頭部迴旋向前；同時，左掌上舉，與右舉掌在頂上交叉，左掌在前，右掌在後，掌心向上，掌尖向外。

圖2-41

（六）兩掌落抱臍前。

圖 2-42

（七）下五動與以上練法相同，唯方向相反。

圖 2-43

圖 2-44

圖 2-45

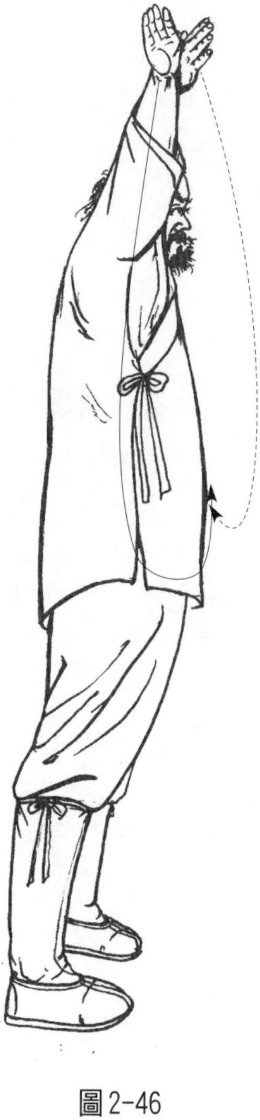

圖 2-46

圖 2-47

（八）身體左轉。同時，左掌反貼腰後，掌心向後，掌尖向右；右掌自腹前向左伸出，掌心向上。

圖 2-48

（九）繼向下、向右經小腹、向上繞弧過頂，掌心向前，掌尖向上。

圖2-49

（十）右臂屈肘，掌尖向脊後下落，掌心向內；同時，左掌沿脊椎上移，掌背貼住脊溝。兩掌用力儘量靠近。

圖2-50

（十一）兩掌上下伸臂分開。

圖2-51

（十二）兩掌合攏背中，掌指相扣。

圖2-52

（十三）兩掌分開、上舉，交於頂上，手臂彎曲，右掌在後。

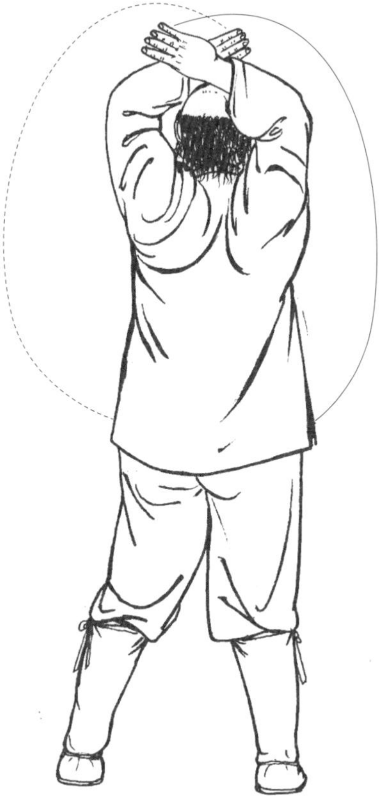

圖 2-53

（十四）兩掌左右分開，落抱臍前。

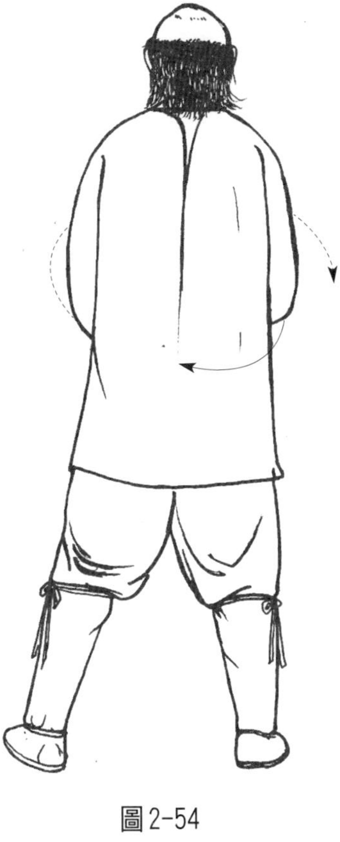

圖 2-54

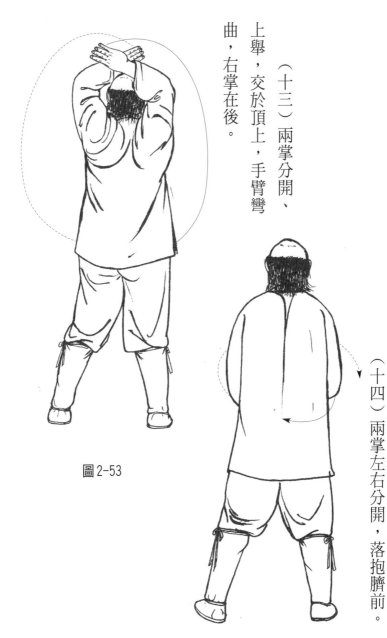

（十五）以下七動與上面相同，唯方向相反。

圖2-55

圖 2-56

圖 2-57

圖 2-58

圖 2-59

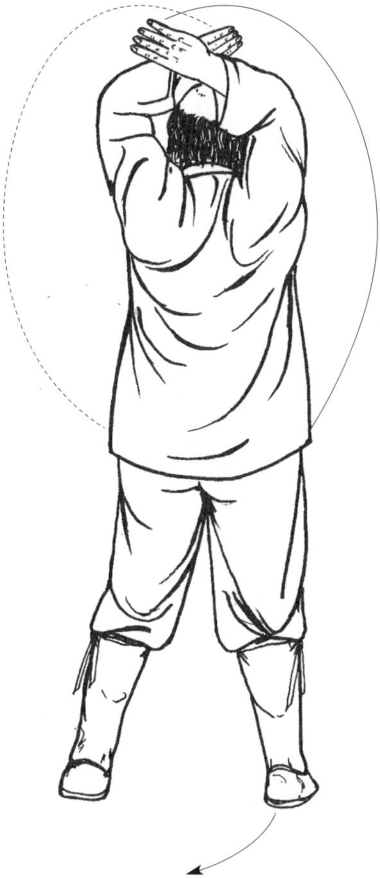

圖 2-60

圖 2-61

第八勢　三盤落地勢

【口訣】

上齶緊撐舌，張眸意注牙。
足開蹲似踞，手按猛如拿。
兩掌翻齊起，千斤重有加。
瞪睛兼閉口，起立足無斜。

如圖2-62～圖2-72所示。

（一）兩掌相貼翻轉，沿體中線、經面部托舉過頂。

圖2-62

（三）兩掌直臂繼續向下、向前、向上抬起，至掌與肩平，掌心向上。

（二）直臂向左右分開、下落，掌尖向上，掌心向外。

圖2-63

圖2-64

（四）兩掌翻轉下按，掌心向下；同時，兩腿緩緩下蹲。至兩腿蹲平，兩掌停於兩膝上方與肋平。

圖2-65

圖2-66

（五）兩掌翻轉，掌心向上，向上托起，至掌心對目；同時，兩腿伸膝直立。

（六）翻轉兩掌，兩掌下按，至兩小腿外側，兩臂伸開。同時，沉身屈蹲，臀部略低於兩掌。

圖2-67

伸開。

（七）兩掌翻轉，至膝蓋前時向上托起，掌與目平。同時，身體上升，兩腿

圖2-68

（八）兩掌翻轉，向下、向裏沉按，至兩踝外近地。同時，兩腿屈膝下蹲，至兩膝前跪於地，整個脛面貼地；上身正直。

圖2-69

（九）兩掌內翻，向前、向上抱捧而起，虎口張開，於腹前相貼，左掌在外；起至胸前。同時，兩腿、上身隨之漸漸立起。

圖2-70

（十）兩掌繼續托舉至頂，兩臂伸開；兩腿全伸。

圖 2-71

（十一）兩掌落抱臍前。

圖 2-72

第九勢　青龍探爪勢

【口訣】

青龍探爪，左從右出。修士效之，掌平氣實。

力周肩背，圍收過膝。兩目注平，息調心謐。

如圖2-73～圖2-84所示。

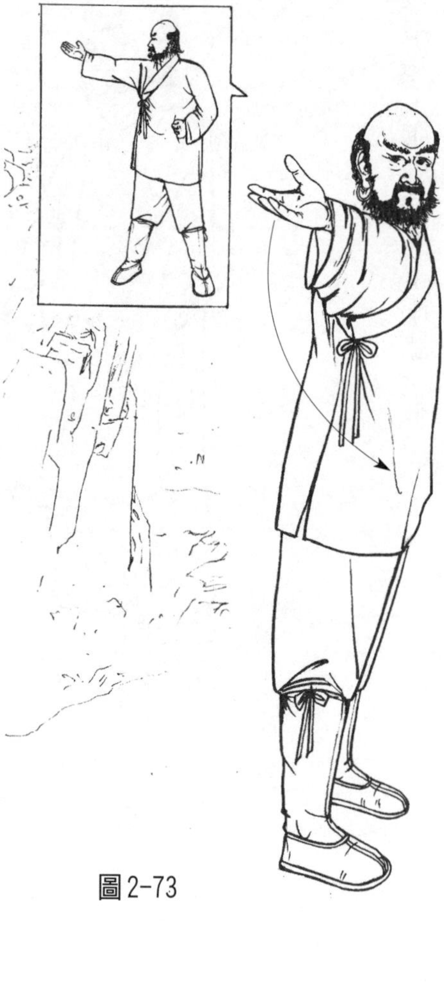

圖2-73

（一）左掌抱拳腰間，拳眼向上。右掌先向左探，至與左肩高。隨即，向右、向下、向上劃弧，右臂伸開平肩，掌心向上，掌尖向外。

（二）右掌翻轉，下按至右胯斜外上方。

圖2-74

（四）上體再向左擰，頭向前上伸。

圖2-76

（三）不停，上體略左旋；右掌繼續劃弧左上，置於左耳後側，掌尖向後，掌心向外。

圖2-75

（五）兩掌上托交於頂前，左掌在前。

圖 2-77

（六）兩掌左右分展，下收變拳抱腰，拳心向上。

圖 2-78

（七）以下六動，請參上面練法，唯方向相反。

圖2-79

圖2-80

圖2-81

圖2-82

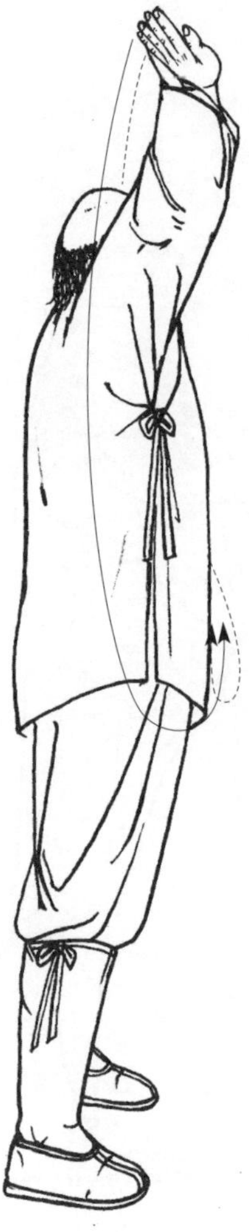

圖2-83

圖2-84

第十勢　臥虎撲食勢

【口訣】

兩足分蹲身似傾，屈伸左右骽向更。
昂頭胸作探前勢，偃腰背還似砥平。
鼻息調元均出入，指尖著地賴支撐。
降龍伏虎神仙事，學得真形也衛生。

如圖2-85～圖2-98所示。

圖2-85

（一）兩掌向上、裏旋，沿體中線托舉，至兩臂伸直。

（二）身體右轉約九十度，右腳收提，繼向右前上步，腳跟落地，腳尖翹起。同時，兩掌左右分展，兩臂平肩，掌心向外。

圖2-86

（三）右腳落地踏實，成右弓步，隨之身體前俯。同時，兩掌向下、向裏相合於右踝側前之位，寬約同肩，掌尖向下。

圖2-87

（四）不停，兩掌托起、回收，相併臍前，掌尖斜向前下；同時上體立起，重心後坐，右腳尖上翹，膝部伸開。

圖2-88

（五）兩掌變爪，向外、向後、向上，外旋、伸臂舉於頂上，爪心向上，虎口向裏，兩爪對肩。同時，收提右腳，仰身，作欲前撲狀。

圖2-89

（六）右腳向前落步，乘勢上體前擁；同時，兩爪向前撲按而下，叉開五指按於右腳前地面；俯身，胸儘量上抬，如臥虎撲食。

圖2-90

（七）起身，左轉約一百八十度；兩爪變掌自胸前交叉，上舉至頂。

圖2-91

（八）左腳腳尖翹起；兩掌擴胸分展，臂同肩平，掌心向外，掌尖向上。

圖2-92

（九）左腳踏實，隨之屈膝成左弓步。同時，兩掌向下、向後、向前，過兩踝兩側，向前上撈，掌心向上，掌尖向前，掌側相併，如水中撈物般。

圖2-93

（十）兩掌托起、回收，相併臍前，掌尖斜向前下。同時，上體立起，重心後坐，右腳尖上翹，膝部伸開。

圖2-94

（十一）以下四動，請參本勢上面練法。

圖2-95

圖2-96

圖 2-97

圖 2-98

第十一勢　打躬勢

【口訣】

兩手齊持腦，垂腰至膝間。
頭唯探胯下，口更齒牙關。
掩耳聽教塞，調元氣自閑。
舌尖還抵齶，力在肘雙彎。

如圖2-99～圖2-103所示。

圖2-99

（一）兩掌向外、向下、向上舉起，兩臂伸直，掌心向裏，掌尖向上，兩掌對肩。

（二）屈肘落掌腦後，兩掌心護住兩耳，掌尖向裏。隨即，咬牙，舌舔上齶，頭向後用力仰挺，兩掌向前用力按扒。

圖2-100

（三）低頭彎腰，兩膝挺直，頭向兩膝中間低垂下去；兩掌與頭部仍保持爭力之勢。

圖2-101

（四）上體仰立而起。

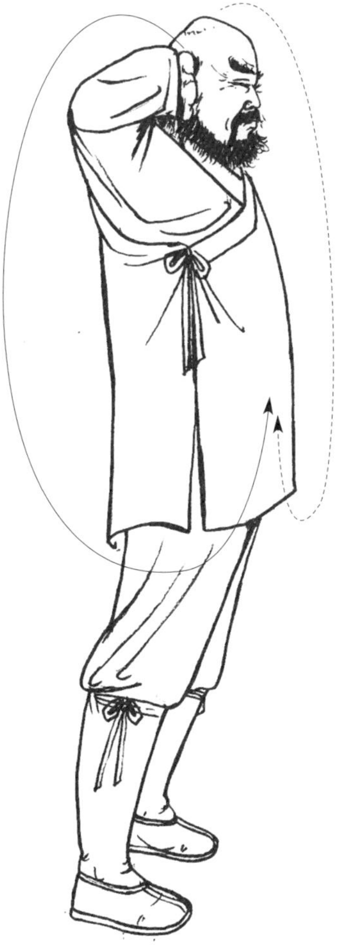

圖 2-102

（五）兩掌收抱臍前。

圖 2-103

第十二勢　掉尾勢

【口訣】

膝直膀伸，推手至地。

瞪目仰頭，凝神一志。

如圖2-104～圖2-117所示。

（一）兩掌向下、向外、向上經體側上舉至頂上，掌心相對即交叉掌指，繼翻托，掌心向上。

圖2-104

（二）兩掌叉指向前、向下沿體中線按撐，過膝可停；上身隨之下俯，兩膝挺直，頭頸挺起。

圖2-105

（三）兩掌上提，兩臂抬平，至與鼻平可停，掌心向前；上體隨之立起。

圖2-106

（四）兩掌向下按撐，至踝位可止；挺膝、俯身、仰頭。

圖2-107

（五）起身收掌，提至與頜相平，掌心向下。俯身按撐，至地才止。

圖2-108

（七）兩掌翻轉成掌心向下，沿體左側俯身按撐，過膝可停；挺膝、仰頭。

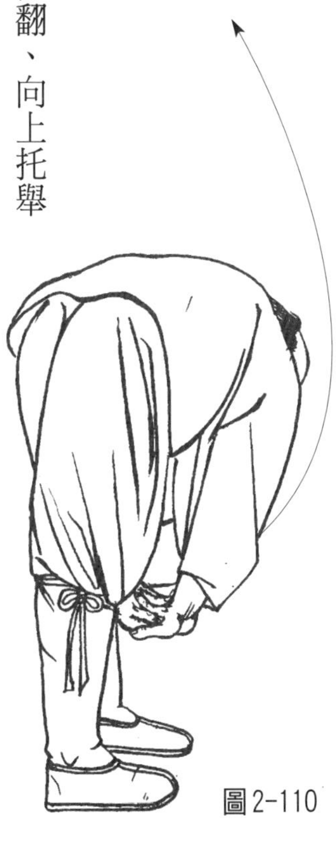

圖 2-110

（六）起身，兩掌上提、裏翻、向上托舉頂上，至臂直；隨即上身左旋約九十度。

圖 2-109

（八）起身，上體轉正，兩掌提至鼻前。繼左轉體、下俯身，兩掌向左腳側按撐，至左踝位可止。

圖2-111

（九）起身，上體轉正，兩掌提至鼻前。繼左轉體、下俯身，兩掌向左腳側按撐，觸地而止。

圖2-112

（十）以下四動，請參本勢上面練法。

圖2-113

圖2-114

圖2-115

（十一）兩掌收抱，調勻呼吸，本功收勢。

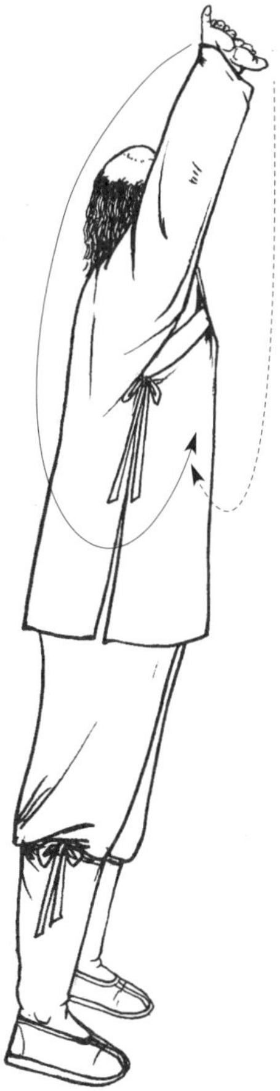
圖2-116

圖2-117

國家圖書館出版品預行編目資料

少林秘功十二勢／許禹生　原著　三武組　整理
——初版，——臺北市，大展，2020〔民109.02〕
面；21公分 ——（武術秘本圖解；7）
ISBN 978-986-346-284-2（平裝）
1.拳術　2.中國
528.972　　108021278

少林秘功十二勢

原　　著／許禹生
整　　理／三武組
責任編輯／何宗華
發 行 人／蔡森明
出 版 者／大展出版社有限公司
社　　址／台北市北投區（石牌）致遠一路2段12巷1號
電　　話／（02）28236031・28236033・28233123
傳　　真／（02）28272069
郵政劃撥／01669551
網　　址／www.dah-jaan.com.tw
E-mail／service@dah-jaan.com.tw
登 記 證／局版臺業字第2171號
承 印 者／傳興印刷有限公司
裝　　訂／佳昇興業有限公司
排 版 者／弘益電腦排版有限公司
授 權 者／安徽科學技術出版社
初版1刷／2020年（民109）2月

定價／300元

大展好書　好書大展
品嘗好書　冠群可期

大展好書　好書大展
品嘗好書　冠群可期